Mouammar El-Kadhafi

Le livre vert

https://bibliothequedissidente.com

Le livre vert

Traduction du livre vert de Mouammar El-Khadhafi

"Le livre vert" est une traduction de
" لاأخضر لاكتاب " écrit par le colonel Khadafi

" Je vais mourir en martyr ".
- Mouammar Khadafi, 2011

Table des matières

Avant-propos du traducteur 8

Première partie : La démocratie, le « pouvoir du peuple » 12

L'APPAREIL DE GOUVERNEMENT 12

LES ASSEMBLÉES PARLEMENTAIRES 14

LE PARTI... 18

LA CLASSE... 23

LE RÉFÉRENDUM 27

LES CONGRÈS POPULAIRES ET LES COMITÉS POPULAIRES 29

LA LOI DE LA SOCIÉTÉ 33

QUI CONTRÔLE LA MARCHE DE LA SOCIÉTÉ ? ... 38

LA PRESSE 39

DEUXIEME PARTIE : LA SOLUTION DU PROBLEME ECONOMIQUE « LE SOCIALISME » 43

LE SOCIALISME... 43

LES BESOINS.. 52

LA TERRE 53

TROISIEME PARTIE : LES FONDEMENTS SOCIAUX DE LA TROISIEME THEORIE UNIVERSELLE 68

INTRODUCTION 68

LA FAMILLE.. 73

LA TRIBU 75

Les avantages de la tribu 77
La Nation...78
La Femme...86
Les minorités..101
Les Noirs...102
L'éducation 103
La musique et l'Art 106
Le sport...108

Quelle est l'origine du petit livre vert ?

Le Livre vert a été publié pour la première fois en 1975, soit six ans après le coup d'État qui renversa le roi Idriss al-Mahdi al-Sanussi. Il a été complété par une deuxième partie en 1977, puis une troisième en 1981. Il constitue le fondement de la réflexion qui aboutira à la création de la « Grande Jamahiriya arabe libyenne populaire et socialiste », instaurée en 1977 par Mouammar El-Kadhafi, qui prendra lui-même, deux ans plus tard, le titre de Guide de la Révolution libyenne.

Kadhafi condamne dans cet ouvrage le capitalisme, le communisme autoritaire mais également la démocratie représentative. Son projet ? La Troisième théorie universelle. Cette alternative propose un mélange unique de démocratie représentative et de socialisme, avec en fond les valeurs traditionnelles de la société islamique.

Dénonçant notamment les assemblés parlementaires et la société de classes, l'ouvrage prône la démocratie directe comme impératif. Des congrès et conseils populaires permettent ainsi la mise en œuvre de « l'État des masses » : un système ultra-démocratique combiné avec un socialisme autogestionnaire.

Le livre vert présente dans sa deuxième partie l'application d'un système basé sur une juste répartition des richesses et l'appartenance des moyens de production aux travailleurs. L'abolition du salariat, considéré comme de l'esclavage moderne, apparaît comme l'un des objectifs finaux.
Si tout cela rappelle les écrits anarchistes ou communistes occidentaux, la comparaison s'arrête là. Car la Troisième théorie universelle comporte un volet sociétal très conservateur.

La dernière partie forme une espèce de fourre-tout traitant de la nation, des femmes, des noirs ou encore du sport. Porté par l'héritage de sa culture bédouine, Kadhafi y rappelle l'importance de la tribu et de la religion. Cette dernière est considérée comme seul facteur d'unité d'une nation. On retrouve cette conception islamique de la société lors du passage sur les femmes. Bien qu'égales à l'homme, elles ne doivent pas oublier leur « rôle de femelle » en se perdant à effectuer des travaux initialement destinés à la gente masculine.

Son titre fait référence au Petit Livre rouge du président Mao. La mention de la couleur verte n'est pas dénuée de portée symbolique : le vert est perçu comme la couleur de l'islam, et Mouammar Kadhafi entendait faire de son livre le remplaçant de la sunna comme fondement du droit en Libye. Il devient le symbole représentatif du régime de Kadhafi pour ses détracteurs : en 2011, au début de la révolte contre Kadhafi, les exemplaires de l'ouvrage sont publiquement brûlés à Benghazi, principal fief des insurgés.

Si le livre est à présent banni de Libye, il reste cependant traduit et facilement accessible dans de nombreux pays comme la France ou les États-Unis.

Toute l'équipe des éditions bibliothèque dissidente vous souhaite une bonne lecture !

Première partie : La démocratie, le « pouvoir du peuple »

L'appareil de gouvernement

Le problème politique de l'appareil de gouvernement" est le plus important de ceux qui se posent aux sociétés humaines.

Souvent, le conflit qui surgit au sein d'une famille se ramène à ce problème. Ce problème est devenu très grave depuis l'apparition des sociétés modernes. Actuellement, les peuples affrontent ce problème persistant, et les sociétés supportent nombre de risques et de conséquences extrêmes qui en résultent. Elles n'ont pas encore réussi à lui trouver une solution définitive et démocratique. Ce Livre vert présente la solution théorique définitive au problème de "l'appareil de gouvernement".

De nos jours, l'ensemble des régimes politiques est le résultat de la lutte que se livrent les appareils pour parvenir au pouvoir : que cette lutte soit pacifique ou armée, comme la lutte des classes, des sectes, des tribus, des partis ou des individus, elle se solde toujours par le succès d'un appareil, individu, groupe, parti ou classe et par la défaite du peuple, donc de la démocratie véritable.

La lutte politique qui aboutit à la victoire d'un candidat, avec, par exemple 51% de l'ensemble des voix des électeurs, conduit à un système dictatorial, mais sous un déguisement démocratique. En effet, 49% des électeurs sont gouvernés par un système qu'ils n'ont pas choisi, et qui, au contraire, leur a été imposé. Et cela c'est la dictature.

Cette lutte politique peut aussi aboutir à la victoire d'un appareil ne représentant que la minorité, notamment lorsque les voix des électeurs se répartissent sur un ensemble de candidats dont l'un obtient plus de voix que chacun des autres considérés à part. Mais si l'on additionnait les voix obtenues par les "battus", cela donnerait une large majorité. Malgré cela, c'est celui qui a le moins de voix qui est proclamé vainqueur, et son succès est considéré comme égal et démocratique !
Mais en réalité il s'instaure une dictature sous des apparences démocratiques.

Voilà la vérité sur les régimes politiques qui dominent le monde actuel. Leur falsification de la vraie démocratie apparaît clairement : ce sont des régimes dictatoriaux.

Les assemblées parlementaires

Les assemblées parlementaires sont l'épine dorsale de la démocratie telle qu'elle existe actuellement.

L'assemblée parlementaire est une représentation trompeuse du peuple, et les régimes parlementaires constituent une solution tronquée au problème de la démocratie ; l'assemblée parlementaire se présente fondamentalement comme représentante du peuple, mais ce fondement est, en soi, non démocratique, parce que la démocratie signifie le pouvoir du peuple et non le pouvoir d'un substitut... Le fait même de l'existence d'une assemblée parlementaire signifie l'absence du peuple. Or la démocratie véritable ne peut s'établir que par la participation du peuple lui-même et non au travers de l'activité de ses substituts. Les assemblées parlementaires, en excluant les masses de l'exercice du pouvoir et en usurpant la souveraineté populaire à leur profit, sont devenues un écran légal entre le peuple et le pouvoir. Il ne reste au peuple que cette apparence de démocratie qu'illustrent les longues files d'électeurs venant déposer dans l'urne, leur bulletin de vote.

Afin de mettre à nu la réalité de l'assemblée parlementaire, il nous faut rechercher d'où elle vient : elle est soit élue dans des circonscriptions électorales, soit constituée, dans un parti, une coalition de partis, par désignation. Mais aucun de ces moyens n'est démocratique, car la répartition des habitants en circonscriptions électorales signifie qu'un seul député représente, selon l'importance de la population, des milliers, des centaines de milliers, ou des millions de citoyens. Cela signifie aussi que le député n'est pas attaché par un lien organique populaire avec les électeurs, puisqu'il est considéré, selon la thèse de la démocratie classique, comme le représentant de tout le peuple au même titre que les autres députés. Dès lors, les masses se séparent définitivement du député, et le député se sépare définitivement des masses. Car dès qu'il est élu, il usurpe leur souveraineté et agit à leur place... La démocratie classique, actuellement dominante dans le monde, revêt les membres des assemblées parlementaires d'une respectabilité et d'une immunité qu'elle dénie au simple citoyen.

Cela signifie que les assemblées parlementaires sont devenues un moyen d'usurper et de monopoliser le pouvoir du peuple ; c'est pourquoi il est aujourd'hui du droit des peuples de lutter à travers la révolution populaire, en vue d'éliminer ces instruments de la monopolisation de la démocratie et de la souveraineté, que sont les assemblées parlementaires, qui usurpent la volonté des masses. Il est du droit des peuples de proclamer un nouveau principe : "Pas de substitut au pouvoir du peuple."

Lorsque l'assemblée parlementaire est formée à la suite du succès d'un parti aux élections, elle est l'assemblée du parti, et non l'assemblée du peuple, elle représente un parti et non le peuple ; et le pouvoir exécutif détenu par l'assemblée parlementaire est le pouvoir du parti vainqueur, et non le pouvoir du peuple. Il en est de même de l'assemblée parlementaire au sein de laquelle chaque parti dispose d'un certain nombre de sièges ; les titulaires de ces sièges sont les représentants de leur parti et non ceux du peuple, et le pouvoir émanant d'une telle coalition est celui des partis coalisés et non le pouvoir du peuple. Dans de tels régimes le peuple est la proie pour laquelle on se bat. Il est alors abusé et exploité par ces appareils politiques qui se combattent pour parvenir au pouvoir, pour arracher des voix au peuple tandis que celui-ci s'aligne en files silencieuses, qui se déroulent comme un chapelet, afin de déposer des bulletins dans les urnes de même qu'il jetterait des papiers dans une poubelle... C'est cela la démocratie classique qui domine le monde entier, qu'il s'agisse de régimes à parti unique, de régimes bipartites ou multipartites, ou même sans parti ; ainsi il apparaît clairement que "la représentation est une imposture".

Quant aux assemblées qui se forment par la désignation ou la succession, elles n'ont aucun aspect démocratique.

Etant donné que le système des élections des assemblées parlementaires repose sur la propagande pour attirer les voix, c'est donc un système démagogique au vrai sens du mot. Il est possible d'acheter et de manipuler les voix alors que les plus pauvres ne peuvent être au cœur des luttes électorales : ce sont toujours et seulement les riches qui gagnent les élections !

Ce sont les philosophes, les penseurs et les écrivains qui se sont fait les avocats de la théorie de la représentation parlementaire, au temps où les peuples étaient ignorants et menés comme des troupeaux par les rois, les sultans et les conquérants... L'aspiration ultime des peuples était alors d'avoir un mandant pour les représenter auprès des gouvernants. Mais cette aspiration même était rejetée. C'est pour réaliser cette ambition que les peuples ont péniblement et longuement combattu. Il n'est donc pas raisonnable que maintenant, après la victoire de l'ère des républiques et le commencement de l'ère des masses, la démocratie soit seulement l'apanage d'un petit groupe de députés devant agir au nom des masses. C'est une théorie surannée et une méthode dépassée. Le pouvoir doit être entièrement celui du peuple.

Les plus tyranniques dictatures que le peuple ait connues se sont établies à l'ombre des assemblées parlementaires.

<u>Le parti</u>

Le parti est la dictature contemporaine... il est "l'appareil de gouvernement" de la dictature d'une fraction sur l'ensemble. Il est de nos jours le dernier en date des appareils dictatoriaux. Et comme le parti n'est pas un individu, il reflète une démocratie apparente en forgeant des assemblées ou des commissions, sans compter la propagande à laquelle se livrent ses membres. Le parti n'est nullement un appareil démocratique, parce qu'il se compose des gens qui ont les mêmes intérêts... ou les mêmes vues... ou la même culture... ou font partie d'une même région... ou ont la même idéologie... et qui se regroupent en un parti pour assurer leurs intérêts ou imposer leurs vues, ou étendre le pouvoir de leur doctrine à la société toute entière.

L'objectif d'un parti est de parvenir au pouvoir au nom de l'exécution de son propre programme. Il n'est pas démocratiquement admissible qu'un parti gouverne le peuple tout entier car celui-ci est constitué d'intérêts, d'opinions, de tempéraments, d'idéologies ou d'origines différents.

Le parti est un appareil de gouvernement dictatorial permettant à ceux qui ont les mêmes conceptions ou les mêmes intérêts de gouverner le peuple comme un tout... Or par rapport au peuple, le parti est une minorité. Former un parti c'est mettre en place l'instrument qui permettra de gouverner le peuple... c'est-à-dire de gouverner ceux qui sont en dehors du parti, car le parti se fonde essentiellement sur une théorie autoritaire et arbitraire, à savoir le despotisme de ses membres sur les autres éléments du peuple...

Le parti avance que son arrivée au pouvoir est le moyen de réaliser ses objectifs, et que ses objectifs sont ceux du peuple. Telle est la théorie qui justifie la dictature du parti et qui sert de base à toute dictature. Quel que soit le nombre de partis, cette théorie est toujours la même. Mieux l'existence de plusieurs partis exacerbe la lutte pour le pouvoir... qui aboutit à l'anéantissement de tout acquis du peuple, et sabote tout plan de développement de la société. C'est cette destruction qui justifie la tentative du parti rival de prendre la place du parti au pouvoir. La lutte des partis, si elle ne se solde pas par la lutte armée - qui est rare - prend la forme de la critique et du dénigrement mutuels. C'est un combat qui se déroule nécessairement au préjudice des intérêts vitaux et suprêmes de la société, dont certains membres sinon tous font inévitablement les frais de la lutte des appareils pour parvenir au pouvoir. Car c'est dans l'effondrement même de ces intérêts que le parti (ou les partis) d'opposition trouve la preuve de la justice de son argumentation contre le (ou les) parti au pouvoir.

Le parti d'opposition, en tant qu'"appareil de gouvernement" désirant parvenir au pouvoir, doit nécessairement abattre l'appareil en place, et pour ce faire il lui faut en saper les réalisations et en dénigrer les projets, même si ceux-ci sont profitables à la société.

Et c'est ainsi que les intérêts de la société, et ses projets deviennent les victimes de la lutte des partis pour le pouvoir. Certes le conflit né de la multiplicité des partis suscite une activité politique intense mais il n'en demeure pas moins que ce conflit est d'une part destructeur politiquement, socialement économiquement et d'autre part, se solde toujours par la victoire d'un appareil semblable au précédent, c'est-à-dire par la chute d'un parti et la victoire d'un autre. Mais c'est toujours la défaite du peuple... donc la défaite de la démocratie. En outre, les partis peuvent être achetés ou corrompus, aussi bien de l'intérieur que de l'extérieur.

A l'origine le parti s'érige en représentant du peuple, puis la direction du parti devient la représentante des membres du parti, puis le président du parti devient le représentant de la direction. Ainsi le jeu des partis se révèle comme un jeu comique et trompeur, basé sur la caricature d'une démocratie au contenu égoïste, et fondée sur le jeu des manœuvres politiques.

Le système de partis est donc bien l'appareil de la dictature moderne. C'est une dictature sans masque, que le monde n'a pas encore dépassé, c'est réellement la dictature de l'époque contemporaine.

Le Parlement du parti victorieux est le parlement de ce parti ; le pouvoir exécutif mis en place par le Parlement est le pouvoir du parti sur le peuple ; le pouvoir du parti qui est censé être au service de tout le peuple est en réalité l'ennemi juré d'une fraction du peuple, celle constituée par le ou les partis d'opposition et leurs partisans. L'opposition n'est donc pas le censeur populaire du parti au pouvoir ; elle guette plutôt son heure pour accéder elle-même au pouvoir.

Selon la thèse de la démocratie classique, le censeur légitime du parti au pouvoir est le parlement, dont la majorité des membres appartiennent à ce parti ; c'est-à-dire que la censure est entre les mains du parti gouvernant, et que le pouvoir émane du parti censeur; ainsi apparaissent clairement l'imposture, la falsification et la fausseté des théories politiques dominant le monde, et dont est issue la démocratie classique dans sa forme actuelle.

"Le parti ne représente qu'une faction du peuple, alors que la souveraineté populaire est indivisible."

"Le parti gouverne à la place du peuple, alors qu'il ne doit pas y avoir de substitut au pouvoir du peuple..."

Le parti est la tribu des temps modernes... c'est la secte. La société gouvernée par un parti unique est en tout point semblable à celle gouvernée par une seule tribu ou une seule secte ; car le parti, comme cela a déjà été souligné, est l'expression des conceptions, des intérêts, des idéologies, des origines, d'un seul groupe de la société.

Le parti est en fin de compte une minorité, par rapport au peuple tout entier, tout comme la tribu ou la secte... Cette minorité a les mêmes intérêts ou la même idéologie. De ces intérêts ou de cette idéologie découle la même conception. Il n'y a pas de différence entre un parti et une tribu sinon le lien de sang, qui a d'ailleurs peut-être existé à la naissance du parti.

La lutte des partis pour le pouvoir ne diffère en rien de la lutte des tribus et des sectes pour le pouvoir. Si le système tribal ou sectaire est politiquement rejeté et honni, il doit en être de même pour le système des partis, car tous deux procèdent de la même démarche et conduisent au même résultat. Pour la société, la lutte des partis a un effet aussi néfaste et destructeur que la lutte tribale ou sectaire.

<u>La classe</u>

Le système politique de classe est identique à celui des partis, des tribus ou des sectes.

Qu'une société politique soit dominée par une classe, un parti, une tribu ou une secte, c'est finalement la même chose.

La classe, comme le parti, la tribu ou la secte est un groupe de personnes qui partagent les mêmes intérêts. Ces intérêts communs naissent de l'existence d'un groupe de gens qu'unissent des liens de sang, d'idéologie, de culture, de lieu ou de niveau de vie. La classe, le parti, la tribu et la secte naissent de causes identiques qui conduisent au même résultat, c'est-à-dire que des liens de sang, de croyance, d'idéologie, de niveau de vie, de culture ou de lieu, découle une même conception pour parvenir à un même but. La forme sociale du groupe se manifeste donc sous l'aspect d'une classe, d'un parti, d'une tribu ou d'une secte, qui mettra en place un appareil dont la démarche politique sera de réaliser les vues et les intérêts du groupe. Dans tous les cas, le peuple n'est ni la classe, ni le parti, ni la secte...Chacun d'eux n'est qu'une fraction du peuple et n'en représente qu'une minorité. Lorsqu'une classe, un parti ou une secte domine la société on se trouve en face d'un régime dictatorial. Malgré tout, la coalition de classes ou de tribus reste préférable à la coalition de partis, car à l'origine le peuple est essentiellement constitué d'un ensemble de tribus. Il est rare de trouver en effet quelqu'un n'appartenant pas à une tribu, et tout le monde fait partie d'une classe définie. Mais aucun parti (ou coalition de partis) ne peut regrouper tout un peuple et c'est pourquoi il n'est qu'une minorité face aux larges masses qui n'y adhèrent pas.

Conformément à la véritable démocratie, il est injustifiable qu'une classe, un parti, une tribu ou une secte écrase, pour ses intérêts propres, tous les autres.

Admettre une telle domination signifie rejeter la logique de la démocratie et s'en tenir à la logique de la force. C'est un acte de dictature contraire aux intérêts de toute la société qui n'est constituée ni d'une seule classe, ni même des adhérents d'un seul parti. Une telle attitude ne peut trouver aucune justification. La dictature s'explique en reconnaissant que la société est bien constituée de plusieurs éléments, mais que l'un d'entre eux doit éliminer les autres afin de rester seul au pouvoir. Une telle action n'est donc pas de l'intérêt de l'ensemble de la société, mais uniquement de l'intérêt d'une seule classe, d'une seule tribu, d'une seule secte, ou d'un sel parti, c'est-à-dire de l'intérêt de ceux qui prennent le pouvoir car cette mesure discriminatoire est essentiellement dirigée contre les membres de la société qui n'appartiennent pas au parti, à la classe, à la tribu ou à la secte qui entreprend cette élimination.

Une société déchirée par la lutte des partis est en tout point semblable à celle qui est déchirée par la lutte tribale ou sectaire.

Le parti constitué au nom d'une classe se transforme automatiquement en substitut de cette classe, transformation spontanée, qui se poursuit jusqu'à ce qu'il devienne l'héritier de la classe ennemie à la sienne.

La classe qui hérite d'une société, hérite en même temps de ses caractéristiques. Cela revient à dire que si, par exemple, la classe ouvrière venait à écraser toutes les autres classes, elle deviendrait l'héritière de la société, c'est-à-dire qu'elle deviendrait la base matérielle et sociale de la société. L'héritier porte les caractéristiques de celui dont il hérite, même si ces caractéristiques n'apparaissent pas à première vue. Au fur et à mesure que le temps passerait, les caractéristiques des classes exclues resurgiraient à l'intérieur de la classe ouvrière. Or, à telles caractéristiques correspondent telles attitudes et tels points de vue appropriés. Ainsi la classe ouvrière deviendrait peu à peu une société à part ayant les mêmes contradictions que l'ancienne société.

Les niveaux matériel et moral des individus se différencient dans un premier temps, puis les groupes apparaissent et se transforment en même temps en classes exactement semblables aux classes abolies, et la lutte pour gouverner la société reprend.

Chaque ensemble d'individus, puis chaque groupe, puis chaque nouvelle classe, tenteront chacun de devenir un "appareil de gouvernement". La base matérielle de la société est instable parce qu'elle est aussi sociale.

Par ailleurs "l'appareil de gouvernement" provenant de la base matérielle unique de la société pourrait se stabiliser pendant un certain temps. Mais il est voué à la disparition dès que naissent, à partir de cette même base matérielle unique, des niveaux matériel et social nouveaux.

Toute société où se combattent des classes était, auparavant, une société à classe unique. Mais cette même classe a engendré d'autres classes, du fait de l'évolution inéluctable des choses.

La classe qui dépossède les autres afin de monopoliser "l'appareil de gouvernement" à son profit exclusif finira par constater que cette appropriation agit en son sein comme elle agit dans la société toute entière.

En définitive, les tentatives d'uniformisation de la base matérielle de la société, en vue de résoudre le problème du pouvoir ou de mettre fin à la lutte au profit d'un parti, d'une classe, d'une secte ou d'une tribu, ont échoué, de même que les tentatives de satisfaire les masses par l'élection de représentants, ou par l'organisation de référendums ; continuer dans cette voie serait perdre son temps et se moquer du peuple.

<u>Le référendum</u>

Le référendum est une imposture envers la démocratie. Ceux qui disent "Oui" ou "Non n'expriment pas réellement leur volonté ; mais ils sont bâillonnés au nom de la conception de la démocratie classique et il ne leur est permis de prononcer qu'un seul mot : "oui" ou "non". C'est alors le système dictatorial le plus dur et le plus répressif. Celui qui dit : "non" doit pouvoir en donner la raison et expliquer pourquoi il n'a pas dit "oui"; et celui qui a dit "oui", doit pouvoir justifier ce choix et expliquer pourquoi il n'a pas dit "non". Chacun doit pouvoir dire ce qu'il veut, la raison de son accord ou de son refus.

Quelle est alors la voie que doivent suivre les sociétés humaines pour se délivrer définitivement des époques d'arbitraires et de dictature ?

Puisque dans la question de la démocratie le problème insoluble est celui de "l'appareil de gouvernement", problème qui s'exprime dans les luttes de partis, de classes ou d'individus, puisque l'invention des méthodes électorales et des référendums n'est qu'un camouflage de l'échec de ces expériences ; la solution consiste donc à trouver un "appareil de gouvernement" qui ne soit pas l'un des appareils en lutte pour le pouvoir et ne représentant qu'une seule faction de la société. Il s'agit donc de trouver un "appareil de gouvernement" qui ne soit pas un parti, une classe, une secte ou une tribu, un appareil qui soit le peuple tout entier, donc qui ne le représente pas et ne se substitue à lui. "Pas de substitut au pouvoir du peuple, "la représentation est une imposture".

S'il était possible de trouver cet appareil le problème serait donc résolu. La démocratie populaire deviendrait réalité, et les sociétés humaines auraient mis fin à l'arbitraire et à la dictature, qui seraient remplacées par le pouvoir du peuple.

Ce "Livre vert" présente la solution définitive au problème de "l'appareil de gouvernement", il indique aux peuples le moyen de passer de l'ère de la dictature à celle de la démocratie véritable.

Cette nouvelle théorie est fondée sur le pouvoir du peuple, sans substitut ni représentation. Elle réalise une démocratie directe d'une manière organisée et efficace. Elle diffère de la vieille tentative de démocratie directe qui n'a pas trouvé de réalisation pratique et qui a manqué de sérieux en raison de l'absence d'organisation populaire de base.

Les congrès populaires et les comités populaires

Les congrès populaires sont l'unique moyen de la démocratie populaire.

Tout autre système est une forme non démocratique de gouvernement. Tous les régimes gouvernementaux qui prévalent actuellement dans le monde ne seront pas démocratiques tant qu'ils n'auront pas découvert ce moyen. Les congrès populaires sont l'aboutissement du mouvement des peuples vers la démocratie.

Les congrès populaires et les comités populaires ne sont pas des inventions de l'imagination, dans la mesure où ils sont le produit de la pensée humaine qui a assimilé les différentes expériences des peuples pour aboutir à la démocratie.

La démocratie directe, quand elle est mise pratique, est indiscutablement et incontestablement la méthode idéale de gouvernement. Comme une nation, quelque soit sa population, ne peut être rassemblée pour discuter, étudier et décider de sa politique, les sociétés sont détournées de la démocratie directe, qui est demeurée une idée utopique éloignée de la réalité. Elle a été remplacée par de nombreuses théories de gouvernement, telles que les assemblées parlementaires, les coalitions de partis, les référendums. Toutes ont conduit à isoler le peuple de l'activité politique, à usurper sa souveraineté, et à confisquer son pouvoir au profit d'"appareils de gouvernement" successifs et en conflit, qu'ils soient individu, classe, secte, tribu, Parlement ou parti.

Le "Livre vert" annonce au peuple la découverte du chemin de la démocratie directe grâce à un procédé novateur.

Puisque l'idée de l'exemplarité de la démocratie directe faisait l'unanimité mais qu'il était impossible de la mettre en pratique et puisque la troisième théorie universelle nous présente une expérience réaliste de la démocratie directe, le problème de la démocratie se trouve donc définitivement résolu dans le monde. Il ne reste plus aux masses qu'à lutter pour abattre toutes les formes dictatoriales de gouvernement qui dominent actuellement l'univers et qui sont fallacieusement baptisées démocraties ; du Parlement à la secte, de la tribu à la classe, du système de parti unique au bipartisme ou au multipartisme !

La démocratie n'a qu'une seule forme et une seule théorie. Les différences et les divergences entre les systèmes dits démocratiques sont la preuve qu'ils ne sont pas démocratiques. Le pouvoir du peuple n'a qu'un seul visage et on peut réaliser le pouvoir populaire que d'une seule manière : par les congrès populaires et les comités populaires : "Pas de démocratie sans congrès populaires" et des comités populaires partout.

Premièrement, le peuple se divise en congrès populaires de base. Chaque congrès choisit son secrétariat. L'ensemble de ces secrétariats forment à leur tour des congrès populaires, congrès différents de ceux de la base.

Puis l'ensemble des congrès populaires de base choisit des comités administratifs populaires pour remplacer l'administration gouvernementale. Dès lors, tous les services publics se trouvent dirigés par des comités populaires responsables devant les congrès populaires de base, lesquels leur fixent la politique à suivre et en contrôlent l'exécution.

Ainsi l'administration et son contrôle seront populaires et il sera mis fin à la définition désuète de la démocratie selon laquelle : "La démocratie, c'est le contrôle du gouvernement par le peuple." La définition juste qui la remplacera est : "La démocratie, c'est le contrôle du peuple par le peuple."

Tous les citoyens membres de ces congrès populaires appartiennent, par leurs fonctions ou leurs professions, à des groupes ou des catégories différentes : ouvriers, paysans, étudiants, commerçants, artisans, fonctionnaires, etc. En plus de leur appartenance en tant que citoyens, aux congrès populaires de base ou aux comités populaires, ils doivent constituer des congrès populaires professionnels qui leur sont propres.

Les problèmes évoqués par les congrès populaires de base, les comités populaires, les syndicats et les associations professionnelles, prendront leur forme définitive au Congrès Général du Peuple où se retrouveront les groupes exécutifs des congrès populaires, des comités populaires, des unions syndicales ou professionnelles.

Ce qui est débattu par le Congrès Général du Peuple, qui se réunit une fois par an, sera soumis à son tour aux congrès populaires et aux comités populaires, aux syndicats et aux associations. Les comités populaires, responsables devant les congrès populaires de base, commenceront alors de mettre à exécution le programme ainsi élaboré contrairement aux assemblées parlementaires.

Le Congrès Général du Peuple n'est pas un rassemblement de membres d'un parti ou de personnes physiques mais la rencontre des congrès populaires de base, des comités populaires, des syndicats et de toutes les associations professionnelles.

Ainsi la question de "l'appareil de gouvernement" sera résolue et même temps il sera mis fin aux appareils dictatoriaux. Le peuple deviendra "l'appareil de gouvernement" et le problème de la démocratie dans le monde sera définitivement résolu.

La Loi de la société

Le problème de la Loi - problème parallèle à celui de "l'appareil de gouvernement"- n'a pas encore trouvé sa solution dans les temps modernes, bien qu'il l'ait trouvé à certains moments de l'Histoire.

Qu'un comité ou un Parlement légifère pour la société, cela est injuste et antidémocratique. Que la loi de la société soit amendée ou abrogée par un individu, une commission ou un Parlement, cela aussi est injuste et antidémocratique. Quelle est donc la Loi de la société ? Qui l'élabore ? Quelle est son importance par rapport à la démocratie ?

La Loi véritable d'une société est la coutume (tradition) ou la religion ; toute autre tentative en dehors de ces deux sources est inutile et illogique.

La Constitution n'est pas la Loi de la société. La Constitution est une loi fondamentale édictée par l'homme. Elle a besoin d'une source pour se justifier. Le problème de la liberté dans les temps modernes réside en ce que les constitutions sont devenues les Lois de la société, et que les constitutions ne s'appuient que sur les conceptions des appareils dictatoriaux dominants dans le monde, qu'ils reposent sur un individu ou un parti.

La preuve est la différence d'une constitution à tout autre. Cette différence découle de la disparité de conceptions des "appareils de gouvernement". Là se trouve la vulnérabilité de la liberté dans le monde contemporain.

Le moyen par lequel les "appareils de gouvernement" cherchent à dominer les peuples, est consigné dans la constitution. Le peuple est contraint de se soumettre par la force à des lois dérivées de la constitution, qui est elle-même issue de l'humeur et des conceptions de "l'appareil de gouvernement".

La loi des appareils dictatoriaux a remplacé la Loi naturelle.

La loi humaine a remplacé la Loi naturelle et tout critère objectif a disparu. L'homme est le même en tous lieux. Sa morphologie et ses instincts sont partout les mêmes. C'est pourquoi la loi naturelle est devenue la loi logique de l'Homme. Puis virent les constitutions, simples lois humaines, qui voient l'homme différemment. Leur conception n'a d'autre justification que la volonté des "appareils de gouvernement", qu'il s'agisse d'un individu, d'un parlement, d'une classe ou d'un parti, de dominer le peuple.

Ainsi nous voyons les constitutions changer quand changent les "appareils de gouvernement". Cela démontre que la constitution n'est pas une loi naturelle, mais plutôt le produit de l'humeur des "appareils de gouvernement", et qu'elle est établie pour servir leurs intérêts.

Voilà le danger qui guette la liberté partout où la Loi véritable de la société est absente et est remplacé par des lois humaines édictées par un appareil de gouvernement en vue de diriger les masses. Pourtant, initialement, la manière de gouverner devrait s'adapter à la Loi de la société, et non l'inverse.

La Loi de la société ne peut donc faire l'objet d'une rédaction ou d'une codification. L'importance de la loi réside dans le fait qu'elle est le critère pour distinguer le juste de l'injuste, le vrai du faux, ainsi que les droits des individus et leurs devoirs. La liberté est menacée tant que la société n'a pas une loi sacrée, basée sur des règles stables et non soumises à la transformation ou au remplacement d'un quelconque "appareil de gouvernement". Au contraire, c'est l'appareil qui est tenu de suivre la Loi de la société. Mais actuellement les peuples, de par le monde, sont gouvernés par des lois humaines susceptibles d'être révisées et abrogées au gré des luttes des appareils pour parvenir au pouvoir.

Le référendum constitutionnel n'est pas, en soi, suffisant, car le référendum est une imposture envers la démocratie qui ne laisse la place qu'au oui ou au non. Les peuples sont obligés de se soumettre au résultat du référendum en vertu des lois humaines. Le référendum constitutionnel ne signifie pas que la constitution est la Loi de la société ; il signifie qu'elle est une simple constitution, un simple objet soumis à référendum et rien d'autre. La loi de la société est un patrimoine humain éternel. Elle n'est pas la propriété des vivants seulement. C'est pourquoi rédiger une constitution et la soumettre à référendum des seuls votants est une mascarade.

Les codes rédigés par l'homme et issus des constitutions regorgent de sanctions matérielles alors que la loi coutumière en est à peu près dépourvue. La loi coutumière ne prévoit pas de sanctions matérielles mais des sanctions morales, seules dignes de l'homme. La religion englobe et absorbe la coutume. La plupart des sanctions religieuses matérielles sont renvoyées au jour du jugement dernier. La plupart de ses commandements sont des enseignements, des indications et des réponses à des questions. Cette loi mérite le respect de l'homme.

La religion ne prescrit de sanctions immédiates que dans les cas où celle-ci se révèle absolument nécessaire pour protéger la société.

La religion absorbe la coutume, qui est l'expression de la vie naturelle des peuples. Dès lors la religion est une confirmation de la loi naturelle. Les lois non coutumières et non religieuses sont des créations de l'homme contre l'homme.

Elles sont par conséquent injustes parce que dépourvues de cette source naturelle que sont la coutume (tradition) et la religion.

Qui contrôle la marche de la société ?

La question est de savoir qui contrôle la société pour prévenir une éventuelle déviation par rapport à la Loi. Démocratiquement, aucun groupe ne peut, au nom de la société, prétendre disposer seul du droit de contrôle, "La société est son propre censeur".

Prétendre, pour un individu ou un groupe d'individus, être responsable de la loi, est dictatorial. La démocratie signifie la responsabilité de toute la société et le contrôle revient donc à la société toute entière. C'est cela la démocratie et elle s'exerce par le biais de l'appareil démocratique qui résulte de l'organisation de la société elle-même en congrès populaires de base et de la règle populaire dégagée par les comités et par le Congrès Général du Peuple (congrès national) où se retrouvent les congrès populaires de base, les comités populaires administratifs, les syndicats, les unions et l'ensemble des autres organisations professionnelles. Selon cette théorie le peuple est "l'appareil de gouvernement" et le peuple est son propre censeur.

Ainsi se réalise l'autocontrôle de la société sur la Loi.

<u>La presse</u>

Une personne physique a le droit de s'exprimer même d'une manière incohérente. Une personne morale aussi est libre d'exprimer sa personnalité morale. Mais la première ne représente qu'elle-même, et la seconde, que le groupe de personnes physiques qui constituent sa personnalité morale.

La société se compose de plusieurs personnes physiques et de plusieurs personnes morales; ainsi lorsqu'une personne physique s'exprime de façon irrationnelle, cela ne signifie pas que les autres membres de la société fassent de même. L'opinion d'une personne physique n'engage qu'elle-même. L'opinion d'une personne morale n'exprime que les intérêts ou le point de vue des individus constituant cette personne morale.

Une entreprise de production et de vente de tabac ne représente que les intérêts de ceux qui constituent cette entreprise, c'est-à-dire de ceux qui profitent de la production ou de la vente du tabac, même si cela est nuisible à la santé des autres.

La presse est un moyen d'expression de la société, et non le moyen d'expression d'une personne physique ou morale. Logiquement et démocratiquement, elle ne peut donc être la propriété ni de l'une, ni de l'autre. Dans le cas d'un particulier propriétaire d'un journal, c'est son journal et y exprime son point de vue uniquement. Prétendre que c'est le journal de l'opinion publique est faux et sans aucun fondement, parce qu'il n'exprime, en réalité, que le point de vue d'une personne physique. Il n'est pas démocratiquement admissible qu'une personne physique possède un moyen de diffusion ou d'information. Mais il est de son droit naturel de s'exprimer par n'importe quel moyen, même si celui-ci est irraisonné. Par exemple, le journal publié par l'artisanat est seulement le moyen d'expression de cette catégorie sociale particulière. Il exprime son seul point de vue et non le point de vue de l'opinion publique. Il en va de même pour les autres personnes morales ou physiques de la société.

La presse démocratique est celle que publie un comité populaire composé de toutes les catégories sociales, c'est-à-dire d'associations d'ouvriers, de travailleurs, de fonctionnaires, d'artisans, etc. Dans ce cas et dans ce cas seulement, la presse ou tout autre moyen d'information est l'expression de la société tout entière et reflète sa conception générale ; elle sera alors une presse démocratique.

Si le corps médical professionnel publie une revue, celle-ci ne doit être qu'une revue médicale afin qu'elle soit réellement l'expression de ceux qui la publient. Si l'ordre des avocats publie un journal, il ne peut être que juridique afin d'exprimer réellement le point de vue de ceux qui le publient. Il en va de même pour tous les autres groupes sociaux.

Une personne physique a le droit d'exprimer son propre point de vue, mais démocratiquement elle ne peut pas s'exprimer au nom des autres. Ainsi, peut être résolu, définitivement, et démocratiquement, ce que l'on appelle dans le monde "le problème de la liberté de la presse". Cette question, qui n'a pas fini d'être débattue, est née du problème général de la démocratie. Elle ne pourra être réglée tant que la crise de la démocratie subsistera.

Il n'y a qu'une seule voie pour résoudre ce problème embrouillé de la démocratie, c'est la voie de la troisième théorie universelle.

Selon cette théorie, le régime démocratique est une construction cohérente qui repose sur les Congrès populaires de base, les Comités populaires et les Unions professionnelles, lesquels se retrouvent tous ensemble dans le Congrès Général du Peuple.

Il n'existe absolument aucune autre conception d'une réelle société démocratique en dehors de celle-ci.

Finalement, après l'époque des républiques, l'ère des masses s'approche rapidement de nous, enflammant les sentiments et éblouissant les yeux. Mais, autant cette ère nouvelle est annonciatrice de liberté véritable et d'affranchissement des chaînes des "appareils de gouvernement", autant elle peut s'accompagner d'une ère d'anarchie et de démagogie. A moins encore que la démocratie nouvelle ne rechute, et que revienne alors le pouvoir d'un individu, d'une classe, d'une secte, d'une tribu ou d'un parti. Tel est la démocratie véritable d'un point de vue théorique, mais dans la pratique, ce sont toujours les plus forts qui gouvernent.

DEUXIEME PARTIE :
LA SOLUTION DU PROBLEME ECONOMIQUE
« LE SOCIALISME »

Le socialisme

Dans le règlement des conflits (opposant) travail/salaire, c'est-à-dire les relations entre patrons et travailleurs et entre propriétaires et producteurs, d'importants progrès ont été accomplis.

La réduction des heures de travail, la rémunération des heures supplémentaires, les divers congés, la reconnaissance d'un salaire minimum garanti, la participation des travailleurs à la gestion et aux bénéfices de l'entreprise, l'interdiction des licenciements arbitraires, la Sécurité Sociale, le droit de grève, la réglementation du travail, figurent en général dans la plupart des législations contemporaines. Des changements non moins appréciables ont été obtenus dans la mutation du droit de la propriété avec l'apparition de certains systèmes qui ont, soit limité les revenus, soit transformé la propriété privée en propriété d'Etat.

Et malgré tous ces progrès, certes non négligeables, et les remèdes apportés à l'amélioration du sort des travailleurs, le problème reste posé fondamentalement à l'échelle mondiale, même s'il est devenu moins aigu que par le passé.

Bien que la notion de propriété ait subi de profondes modifications en évoluant de l'extrême droite à l'extrême gauche, et en prenant diverses formes intermédiaires, les producteurs demeurent des salariés.

Pour modifier la nature du salaire, les expériences n'ont pas été moins nombreuses, mais les résultats se réduisent aux avantages obtenus par les travailleurs, défendus par les syndicats et garantis par les législations.

La situation dégradante des travailleurs au lendemain de la révolution industrielle a évolué et bien qu'avec le temps, ouvriers, techniciens et employés ont conquis des droits, qui dans le passé semblaient utopistes et inaccessibles, aucune réponse satisfaisante n'a été proposée pour résoudre le principe du salariat.

Certes, de nombreuses réformes ont été apportées, mais elles sont plus proches de la charité que d'une véritable reconnaissance des droits des travailleurs.

Pourquoi les travailleurs perçoivent-ils un salaire ?

Les travailleurs perçoivent un salaire parce qu'ils ont effectué une opération de production pour le compte d'un tiers qui les paye dans ce but. Ils n'ont pas l'usufruit de leur production, et ont été contraints d'y renoncer moyennant salaire. Or, la règle équitable est : "Celui qui produit dispose de sa production". Quelles que soient les améliorations apportées au salaire, le salarié reste une sorte d'esclave d'un maître qui le paie, ou plutôt il est un esclave temporaire et cet esclavage est basé sur le fait qu'il fournit un travail en contrepartie du salaire que lui verse un patron, un individu, voire un gouvernement.

Car l'entreprise publique comme l'entreprise privée, n'accorde à ses employés que des salaires assortis de diverses aides sociales comparables à l'aumône accordée par les riches.

A la différence de l'entreprise privée dont le revenu revient au propriétaire, le revenu de la propriété publique devrait revenir à l'ensemble de la collectivité, travailleurs compris.

Cela serait juste si on ne retenait que l'intérêt de la société, en faisant abstraction de celui des travailleurs, et à la condition que dans cette société, la propriété soit monopole d'Etat et que le pouvoir y soit exercé, non par une classe, un parti, ou un ensemble de partis, une secte, une tribu, une famille, un individu ou par une forme quelconque de représentation, mais par le peuple tout entier par le biais des congrès populaires, des comités populaires et des syndicats.

La propriété pourrait bien changer de mains, le résultat serait le même : le travailleur demeure un salarié tant qu'il n'a pas été rétabli dans son droit sur sa propre production, et que celle-ci continue à être détournée au profit de la "collectivité" ou de l'employeur.

La solution finale à ce problème consiste à abolir le salariat, par la libération de l'homme de l'asservissement dans lequel celui-ci le maintient.

Il faut retourner à la loi naturelle qui a organisé les rapports humains bien avant l'apparition des classes, des gouvernements et des législations positivistes.

La loi naturelle est en effet le critère, la référence et la source unique des rapports humains. Elle a donné naissance à un socialisme naturel fondé sur l'égalité des facteurs de production et a assuré la répartition à peu près équitable des produits de la nature entre les individus. L'exploitation de l'homme par l'homme et la constitution par un individu d'une fortune dépassant ses besoins, constituent une entorse à la loi naturelle et l'amorce d'une perversion et d'une déviation dans la vie de la société, ainsi que le signe avant-coureur d'une société d'exploitation.

En analysant les facteurs de production, on se rend compte qu'ils ont toujours été composés de facteurs essentiels : les matières de production, les moyens de production et les producteurs.

L'équité dictée par la loi naturelle veut que chaque composant qui participe à la production en ait sa part, car si on élimine l'un d'entre eux, il n'y a pas de production.

Le fait que chaque élément joue un rôle essentiel et indispensable, lui confère une égalité naturelle. Celle-ci doit se traduire au niveau de la répartition de la production. Ce principe d'égalité doit s'appliquer à tous les facteurs de la production : s'ils sont deux, la part de chacun correspondra à la moitié du total, s'ils sont trois, au tiers. Il ne peut y avoir prééminence d'un élément sur l'autre car cela aboutirait à transgresser la loi naturelle et à porter atteinte au droit d'autrui.

De l'application de cette loi naturelle à la réalité historique ou contemporaine, on peut dégager l'enseignement suivant :

A l'origine, la production artisanale était composée de deux éléments : la matière de production et le producteur (Par producteurs, on désigne des travailleurs. Ce terme comme ceux de prolétaires ou d'ouvriers ne correspond plus à la réalité, car parallèlement à l'évolution des sciences et techniques, on assiste à un changement quantitatif et qualitatif de la classe ouvrière qui tend à diminuer).

Un troisième élément est apparu : le moyen de production, utilisant d'abord l'énergie animale puis la machine.

Parallèlement, on assiste à une transformation des matières premières : de simple et bon marché à celles plus élaborées et donc plus chères. L'homme lui- même voit sa condition changée : de simple manœuvre à celle d'ingénieur ou de technicien, la masse des ouvriers cédant progressivement la place à des groupes limités de techniciens.

Ces mutations entraînent des modifications qualitatives et quantitatives et n'ont pas pour autant modifié, quant au fond, les facteurs de production en tant qu'éléments indispensables au processus productif.

Ainsi, par exemple, le minerai de fer, un des facteurs de production de tout temps, était jadis utilisé artisanalement avec des moyens primitifs, pour fabriquer un couteau, une hache ou une lance. Il est aujourd'hui traité dans les hauts fourneaux pour être, sous le contrôle d'ingénieurs et de techniciens, usiné et transformé en machines et véhicules de tous genres. De même, le cheval, le mulet ou le chameau font place à des machines puissantes et complexes.

L'outil, quant à lui, a suivi la même évolution, de l'objet rudimentaire de l'âge de pierre aux équipements modernes les plus sophistiqués.

C'est d'ailleurs cette constante qui rend inévitable le retour à la loi naturelle pour résoudre définitivement le problème économique. Ceci est d'autant plus vrai, que dans le passé, toutes les tentatives ayant ignoré cet aspect se sont soldées par des échecs complets. Toutes les théories qui ont été élaborées n'ont abordé le problème économique que sous l'angle de la propriété de l'un des facteurs de production ou de celui des salaires.

Le seul vrai problème de la production n'a jamais été résolu. A tel point que la caractéristique commune à tous les systèmes économiques instaurés dans le monde est la négation du droit du travailleur à sa production, que celle-ci soit pour le compte de la société ou pour celui de l'entreprise privée.

Comme cela a été dit précédemment, l'entreprise industrielle fonctionne grâce à trois facteurs : matières premières, moyens de production et travailleurs.

La production est le résultat obtenu par les travailleurs qui utilisent le matériel pour transformer les matières premières. Ainsi les produits finis prêts à la consommation ou à l'utilisation, ont parcouru un processus qui n'aurait pu avoir lieu sans les matières premières, les usines et les travailleurs. Si un des éléments manque, il y a blocage. Sans matières premières l'usine ne pourrait fabriquer, sans usines les matières premières resteraient à l'état brut, sans travailleurs l'usine ne pourrait fonctionner.

L'égale importance des trois facteurs implique une répartition égale du produit obtenu. C'est en fonction de cette règle naturelle que le produit sera partagé en trois parts égales, réparties entre les trois facteurs de production.

Ce système a l'avantage de prendre en considération non seulement l'entreprise, mais également les producteurs et les consommateurs.

Dans l'agriculture, le principe est le même. Mais s'il n'y a que deux éléments : l'homme et la terre, la répartition du fruit du travail devra se faire entre les deux seuls facteurs participant effectivement au processus de production. En cas d'utilisation de moyens mécaniques, le produit sera réparti comme dans l'industrie, entre la terre, l'agriculteur et la machine.

Ainsi sera mis en place un système socialiste régissant la production en appliquant cette loi naturelle.

Si la machine remplace aujourd'hui l'homme, les travailleurs, certes de moins en moins nombreux, restent néanmoins indispensables pour faire fonctionner le matériel et l'entretenir. Ce changement quantitatif a été accompagné par un changement qualitatif résultant des progrès techniques, remplaçant peu à peu l'énergie humaine par la machine. Une telle évolution n'a pas été sans modifier profondément la vie économique et sociale du monde du travail. Lentement les masses prolétaires et ignorantes ont diminué. Parallèlement de plus en plus de travailleurs accèdent au savoir et à la technique pour devenir techniciens, ingénieurs ou savants.

Une des conséquences inéluctables de ce changement sera l'élimination progressive des syndicats ouvriers traditionnels qui céderont la place à des syndicats de techniciens ou d'ingénieurs.

Les progrès scientifiques sont un acquis de l'humanité et le processus est irréversible.

Un autre effet indirect sera certainement la fin de l'analphabétisme. On assistera à la disparition progressive de la main-d'œuvre non qualifiée, mais l'homme avec ses qualités naturelles restera un élément fondamental du processus productif.

Les besoins

Tant qu'il dépendra d'autrui pour assurer ses besoins, l'homme n'aura pas acquis sa complète liberté et restera exploité et asservi. Ce problème réel, source permanente de luttes et de conflits, subsistera tant qu'une partie de la population voudra contrôler l'autre.

Le logement est un nécessité pour l'homme et sa famille. Il ne doit appartenir à personne d'autre qu'à lui. Un homme n'est pas libre quand il habite une maison louée.

En matière de logement, la politique suivie par les états a consisté à réglementer la location en bloquant ou en augmentant les loyers. La seule solution radicale et définitive est l'accession à la propriété. Dans la société socialiste, nul ne peut être maître des besoins de l'homme. Personne ne peut dans cette société, bâtir un logement autre que pour lui-même et ses héritiers.

La maison de l'individu étant un de ses besoins fondamentaux, nul ne peut construire dans le but de louer.

Le revenu constitue un autre besoin essentiel. Il ne peut donc, dans la société socialiste, être un salaire, pas plus qu'il ne peut être une aumône.

Il n'y a pas de salariés dans la société socialiste, il y a des associés ; le revenu appartient à l'individu et il l'emploie comme il l'entend pour satisfaire ses besoins. C'est la part qui lui revient d'une production dont il est l'un des éléments indispensables. Ce n'est pas un salaire versé en contrepartie d'une production faite au profit d'un tiers.

Le moyen de transport est également un besoin essentiel de l'individu et sa famille. Il ne doit pas appartenir à une autre personne. Dans la société socialiste, nul ne peut posséder des véhicules de location, car cela aboutirait à se rendre maître des besoins des autres.

La terre

La terre n'est la propriété de personne. Chacun a le droit de l'exploiter par son travail d'agriculteur ou d'éleveur dans les limites de ses possibilités et de ses besoins durant toute sa vie, ainsi que celle de ses héritiers. Il ne peut cependant utiliser lui-même une autre personne salariée ou non pour travailler cette terre.

La terre est immuable, tandis que ceux qui l'exploitent passent avec le temps. Ils peuvent changer de métier et de capacité. C'est pourquoi la terre sur laquelle se succèdent les générations ne peut faire l'objet d'une appropriation.

Le but de la nouvelle société socialiste est d'édifier une collectivité heureuse parce que libre. Ceci ne peut se réaliser que par la satisfaction des besoins matériels et moraux de l'homme, en libérant ces besoins de la domination d'autrui.

La satisfaction des besoins devra se faire sans l'exploitation ni l'asservissement d'autrui sinon, cela serait en contradiction avec la finalité de la nouvelle société socialiste.

Dans cette nouvelle collectivité, l'homme aura le choix de travailler, soit à son compte pour assurer la satisfaction de ses besoins matériels, soit participer à une entreprise socialiste où il partagera le produit réalisé, ou encore effectuer un service public pour la collectivité qui lui garantira, en retour, ses moyens d'existence.

L'activité économique dans la société socialiste nouvelle sera productive, visant la satisfaction des besoins de l'homme. Elle ne sera ni improductive, ni orientée vers le profit en vue d'une thésaurisation stérile excédant la satisfaction des besoins. Une telle orientation n'aura plus cours dans une société régie par les nouvelles règles socialistes.

Le but légitime de l'activité économique des individus devient la seule satisfaction des besoins de l'homme.

Le corollaire est donc que chaque individu ne peut prélever plus qu'il ne lui faut sur les biens de la société, car la richesse dans le monde et dans chaque société étant limitée, à un moment ou un autre, il en prendrait inévitablement une partie à ses semblables. Par contre, chacun a le droit à l'épargne sur sa propre production, mais sans avoir recours à l'effort d'autrui par l'exploitation des besoins des autres membres de la société.

Cette règle fondamentale doit être rigoureusement respectée si l'on veut éviter qu'une fraction de la population en exploite une autre. Il ne sera plus possible de réaliser des bénéfices sur le travail d'autrui et d'augmenter l'épargne individuelle au-delà des besoins, car cela se ferait aux dépens des autres, et deviendrait de l'exploitation.

Le travail salarié, outre qu'il asservit l'homme, lui enlève aussi toute motivation, car le producteur y est un homme "en location" et non un associé.

L'homme travaillant pour son propre compte est autrement plus dévoué dans sa tâche productive, car il est motivé par le fait qu'il compte sur son propre travail pour la satisfaction de ses besoins naturels.

L'homme qui travaille dans une entreprise socialiste en y étant associé est également plus motivé, car une part de la production lui revient pour assurer ses besoins.

Le salarié, quant à lui, est dépourvu de telles motivations. De ce fait, le salariat se trouve dans l'impuissance de résoudre le problème de l'accroissement et du développement de la production. Celle-ci repose en effet sur les épaules du salarié et se trouve exposée à une perpétuelle détérioration, au niveau des produits, ou celui des services.

Quelques exemples illustrant les cas d'un travail salarié pour le compte de la société, d'un travail salarié pour le compte d'un intérêt privé, et celui du travail non salarié :

1) Premier exemple :

a) Le cas d'un travailleur qui produit 10 pommes pour le compte de la société qui lui octroie une pomme en contrepartie de sa production. Cette pomme satisfaisant complètement ses besoins.

b) Un travailleur produit 10 pommes pour le compte de la société qui lui octroie une pomme en contrepartie de sa production. Cette pomme ne satisfaisant pas les besoins de ce travailleur.

2) Deuxième exemple :

Le travailleur produit 10 pommes pour le compte d'un individu et ne perçoit en échange qu'un salaire équivalent à moins du prix d'une seule pomme.

3) Troisième exemple :

Un travailleur produit 10 pommes pour son propre compte. Il résulte de ces exemples :

- Dans le cas a) du premier exemple : le travailleur n'augmentera pas sa production, car quoi qu'il fasse pour l'augmenter il n'obtiendra qu'une pomme pour la satisfaction de ses besoins. C'est pourquoi les forces laborieuses travaillant pour le compte de la société sont automatiquement et continuellement moroses.

- Dans le cas b) du premier exemple : le travailleur n'est pas motivé par la production, parce qu'elle se fait au profit de la société, sans qu'il obtienne en contrepartie ce qui est nécessaire à la satisfaction complète de ses besoins. S'il continue à travailler, c'est parce qu'il est contraint de se soumettre aux conditions générales du travail qui prévalent dans la société.

- Dans le deuxième exemple : le travailleur ne se soucie pas de la productivité et se contente de travailler pour un salaire qui ne satisfait pas entièrement ses besoins. Dans ce cas, ou bien il se met à la recherche d'un autre patron pour lui vendre sa force de travail à un meilleur prix, ou bien il est contraint de poursuivre son travail pour subsister.

- Le troisième exemple quant à lui constitue le seul cas où le travailleur produit sans contrainte et sans morosité. La société socialiste ne permet pas une production supérieure à la satisfaction des besoins de l'individu qui l'effectue ni que cette production se fasse par l'intermédiaire ou sur le dos d'autrui. Les entreprises socialistes œuvrent pour la satisfaction des besoins de la société. De ce fait, le troisième exemple illustre la situation la plus saine de production économique, puisque dans tous les cas, y compris les pires, cette production se poursuivra pour la subsistance.

Il n'est qu'à citer pour preuve le fait que la production dans les pays capitalistes se trouve concentrée et accumulée entre les mains d'une minorité de possédants oisifs qui exploitent les prolétaires à produire pour survivre.

Cependant, le "Livre Vert" ne résout pas les seuls problèmes de production matérielle, mais aspire à frayer le chemin vers une solution globale des problèmes de la société humaine, afin d'assurer la libération matérielle et morale de l'individu, ainsi que son bonheur.

Autres exemples :

Supposons que la richesse d'une Société soit de 10 unités et que sa population soit également de 10 unités : la part de chacun sera de 1/10e, soit une unité. Lorsqu'un membre de cette population détient plus d'une unité, c'est au détriment d'un autre qui, lui, ne disposera de rien. C'est ce qui explique qu'il y ait des riches et des pauvres dans les sociétés d'exploitation.

Si cinq membres de cette population possèdent chacun deux unités de la richesse, cela signifierait que les cinq autres membres de cette même population ne possèdent aucune partie de la richesse commune et que, par conséquent, la moitié de la population est privée de son droit. L'unité supplémentaire détenue par chacun des premiers devant revenir en fait aux cinq autres.

Par ailleurs, si la satisfaction des besoins d'un individu dans cette société ne nécessite qu'une unité de la richesse, celui qui détiendrait plus d'une unité usurperait, de ce fait, le droit des autres membres de la société. Il s'agirait là d'une thésaurisation qui se fait aux dépens des besoins d'autrui. C'est ce qui explique d'une part l'existence d'accapareurs de richesses et, d'autre part, de démunis qui recherchent une part de la richesse et qui n'obtiennent rien. Il s'agit là, de toute évidence, de vol et de pillage sous couvert d'une législation injuste d'exploitation, en vigueur dans ce type de sociétés.

La richesse qui reste disponible une fois les besoins satisfaits devrait, au contraire, revenir à tous les membres de la société. Quant à l'épargne, les individus peuvent la faire en prélevant sur leurs seuls besoins, sinon cela aboutirait à une atteinte aux droits de la collectivité sur sa richesse.

Le fait d'être entreprenant et d'avoir un savoir-faire n'autorise pas pour autant la mainmise sur des parts d'autrui.

Cependant, l'homme entreprenant peut tirer profit de ses qualités pour la satisfaction de ses besoins propres et pour l'épargne effectuée sur ces mêmes besoins.

De même les handicapés et les déficients mentaux ont eux aussi droit à la même part de la richesse que les autres membres de la société. La richesse de la société est comparable à un organisme d'approvisionnement ou à un entrepôt qui fournit quotidiennement aux hommes de quoi suffire à leurs besoins. Ceci étant, l'homme est libre soit de consommer la totalité de sa part, soit d'économiser sur celle-ci en utilisant ses compétences et son savoir-faire pour se constituer une épargne.

Par contre, utiliser ce savoir-faire pour prélever plus que sa part sur le "stock d'approvisionnement" collectif est indéniablement un vol caractérisé effectué aux dépens de la Société ainsi qu'une atteinte à l'intérêt général.

Dans la nouvelle société socialiste, les inégalités dans la détention de richesses ne sont pas tolérables.

Dans le cas des personnes travaillant dans un service public, la société leur octroie une part équivalente à leurs services, prélevée sur la richesse nationale. Cette part varie en fonction des services rendus par chacun d'eux.

C'est là une nouvelle expérience qui vient couronner de magnifiques expériences historiques de la société humaine, et qui parachève la lutte de l'homme pour sa liberté et son bonheur, la satisfaction de ses besoins et le rejet de l'exploitation. Elle met définitivement un terme au despotisme par une répartition équitable de la richesse de la société dans un monde où chacun travaillera pour la satisfaction de ses propres besoins, sans faire travailler quelqu'un d'autre pour soi, et sans être lui-même employé par un autre. C'est là une théorie de la libération des besoins pour la libération de l'homme.

La société socialiste nouvelle n'est autre qu'une conséquence dialectique découlant des rapports d'injustice existant dans le monde. Elle donne naissance à une solution naturelle qui est, d'une part, la propriété privée destinée à satisfaire les besoins de l'homme sans utiliser d'autres hommes, et d'autre part, la propriété socialiste au sein de laquelle les producteurs sont associés à la production et à son partage, remplaçant ainsi la propriété privée dont la production n'appartient pas aux salariés.

Celui qui possède la maison que vous habitez, la voiture dans laquelle vous vous déplacez et qui assure votre salaire pour votre subsistance, s'approprie en fait votre liberté, ou du moins une partie de celle-ci.
Or, la liberté est indivisible.

Pour assurer son bonheur, l'homme doit être libre et il ne peut l'être qu'en étant maître de ses besoins.
Celui qui est maître des besoins d'un autre lui dicte sa loi, l'exploite et pourrait le réduire à l'esclavage et ce, en dépit de la législation qui pourrait lui interdire.

Les besoins incompressibles et indispensables à la vie, du vêtement à la nourriture, de la voiture au logement doivent être protégés et en aucun cas appartenir à un tiers, ils constituent une propriété privée et sacrée. Une location d'appartement permettrait à un propriétaire de s'immiscer dans votre vie privée et de s'octroyer des revenus supplémentaires et cela même lorsque ce propriétaire est la collectivité.

Le propriétaire dispose alors de votre liberté et vous privera de votre bonheur. C'est comme si vous louiez un habit dont le propriétaire est susceptible un jour de vous l'ôter en pleine rue et vous laisser nu.

De même le propriétaire du véhicule que vous conduisez pourrait intervenir et vous abandonner sur le bord de la route.

Enfin, le propriétaire du logement que vous habitez, a la possibilité de faire de vous un sans-abri.

Il serait ridicule de prétendre résoudre les problèmes découlant des besoins de l'homme par des mesures juridiques, administratives ou autres.

C'est sur ces besoins essentiels que la société, conformément à des lois naturelles, s'édifie et prend racine.

Le but de la société socialiste est dans le bonheur de l'homme qui ne peut se réaliser qu'une fois sa liberté matérielle et morale acquise. La concrétisation de cette liberté dépend de la libre disposition par l'homme de ses besoins solennellement consacrés.

Cela signifie que vos besoins ne devraient être en aucun cas la propriété d'un autre ni susceptibles de vous être subtilisés par une quelconque partie de la société. Autrement, vous vivrez dans l'inquiétude, ce qui vous priverait de votre bonheur et ferait de vous un homme sans liberté, parce que vivant sous la menace d'éventuelles interventions extérieures visant vos besoins essentiels.

Du fait des thèses économiques contradictoires qui s'affrontent actuellement dans le monde et en raison des rapports d'injustice découlant du salariat, restés à ce jour sans solution, le renversement des sociétés contemporaines fondées sur le salariat apparaît comme étant inéluctable, tout comme l'instauration de sociétés d'associés. La puissance des syndicats de travailleurs dans le monde capitaliste est apte à changer les sociétés capitalistes, de sociétés de salariat en sociétés d'associés.

L'éventualité de l'avènement de la révolution pour la réalisation du socialisme commence par la récupération par les producteurs de la part qui leur revient de leur production.

L'objet des grèves ouvrières ne sera plus la revendication d'augmentation des salaires, mais pour l'association dans la production. Cela se fera, tôt ou tard. Le "Livre Vert" ouvre la voie.

L'étape finale sera atteinte lorsque la société socialiste nouvelle parviendra au stade de la disparition du profit et de la monnaie. Cela se fera par la transformation de la société en une société entièrement productive et lorsque la production atteindra le stade de la pleine satisfaction des besoins matériels des membres de la société. A cette étape finale, le produit disparaîtra de lui-même et on se passera de la monnaie.

Admettre le profit équivaut à admettre l'exploitation. Car à partir du moment où on l'admet, rien ne peut plus le limiter.

Les mesures tendant à limiter, par les divers moyens, le profit, sont des tentatives réformistes et non radicales, et sont inaptes à empêcher l'exploitation de l'homme par l'homme.

La solution finale est dans l'abolition du profit. Néanmoins, le profit étant le moteur du processus économique, il ne peut être aboli par décret mais plutôt par l'évolution même de la production socialiste, c'est-à-dire une fois satisfaits les besoins matériels de la société et des individus. C'est donc par cette recherche de plus de profits qu'on aboutira à la disparition finale du profit.

Les domestiques, qu'ils soient salariés ou non, représentent encore aujourd'hui un des types de l'esclavage. Ce sont même les esclaves des temps modernes.

La nouvelle société socialiste étant fondée sur l'association dans la production, et non sur le salariat, la loi socialiste naturelle ne peut s'appliquer aux domestiques qui ne produisent pas et ne fournissent que des services. En effet, les services ne sont pas générateurs de biens matériels.

C'est pourquoi cette catégorie de personnel a dû travailler dans de mauvaises conditions moyennant un salaire ou toute autre forme de rémunération. Ainsi, les domestiques situés au bas de l'échelle socio-économique parmi les salariés, méritent d'être libérés en priorité de la société du salariat, société d'esclaves.

La troisième théorie universelle annonce la libération définitive des masses du joug de l'injustice, du despotisme, de l'exploitation et de la domination politique et économique, et l'avènement de la société de tous les hommes. Chacun y sera libre. Tous seront égaux dans la détention du pouvoir de la richesse, et des armes, pour que la liberté triomphe totalement et définitivement.

Le "Livre Vert" trace la voie de l'émancipation des masses, salariés ou domestiques, et ainsi se réalisera la liberté de l'homme.

Pour les domestiques, il est indispensable de lutter pour les libérer de leur situation d'asservissement en les intégrant dans la production où ils deviendront des associés et bénéficieront de parts selon leur travail.

Les habitants d'une maison assureront eux-mêmes leur ménage. En cas de nécessité, on n'aura plus recours à des domestiques salariés ou non, mais à des fonctionnaires assurant les tâches de ménage et qui bénéficieront de l'avancement dans leurs fonctions et jouiront des garanties sociales et matérielles comme tout fonctionnaire.

TROISIEME PARTIE : LES FONDEMENTS SOCIAUX DE LA TROISIEME THEORIE UNIVERSELLE

Introduction

La force motrice de l'histoire humaine est le facteur social, c'est-à-dire le facteur national. Le lien social qui assure la cohésion de chaque groupe humain, de la famille à la tribu et à la nation, est le fondement même de la dynamique de l'Histoire.

"Les héros de l'histoire sont des êtres qui se sont sacrifiés pour des causes" ; ils ne peuvent être définis autrement. Mais pour quelles causes... ils se sont sacrifiés pour les autres - mais quels autres... ? Des hommes avec lesquels ils avaient des relations. La relation existante entre un individu et un groupe est une relation d'ordre social, c'est-à-dire identique à celle qui existe entre les membres d'une même communauté.

La base sur laquelle se sont constituées les nations est le nationalisme. Les causes que nous évoquons sont donc des causes nationales : la relation nationale s'identifie à la relation sociale, car social dérive de société, c'est-à-dire des liens existant au sein d'une société ; et le nationalisme dérive de nation, c'est-à-dire des liens existant au sein d'une nation. La relation sociale s'identifie donc à la relation nationale et réciproquement, puisque la société est la nation et que la nation est la société, même si elle diffère en nombre, mais à la condition que l'on écarte toute définition extensive du groupe visant des groupements temporaires constitués sans aucune référence à l'appartenance nationale. Nous entendons par groupe toute communauté permanente unie par un lien national qui lui est propre.

Par ailleurs, les mouvements historiques sont des mouvements de masse, c'est-à- dire communautaires ; l'action menée par une communauté est pour elle-même, pour son indépendance vis-à-vis d'une autre communauté bien que chacune ait sa propre communauté sociale.

Les mouvements communautaires sont toujours des mouvements indépendantistes visant à réaliser l'autonomie des groupes vaincus donc opprimés par un autre.

Quant à la lutte pour le pouvoir, elle se déroule à l'intérieur du groupe, jusqu'à l'échelon de la famille, comme l'explique la première partie du Livre Vert traitant des fondements politiques de la troisième théorie universelle.

Le mouvement communautaire est un mouvement d'une communauté pour elle-même.

Car étant donné sa structure naturelle, une communauté a des besoins sociaux qui doivent être satisfaits d'une façon communautaire. Ces besoins ne sont en aucune façon individuels. Ce sont en réalité des droits, des revendications ou des objectifs communs à toute communauté liée par le même nationalisme. C'est pour cela que ces mouvements sont appelés des mouvements nationalistes. Les mouvements de libération nationale, dans la période actuelle, sont eux-mêmes des mouvements sociaux qui ne disparaîtront que lorsque cessera la domination d'un groupe par un autre groupe.

En conséquence, le monde traverse actuellement un des cycles normaux de l'Histoire : la lutte nationale pour le triomphe du nationalisme. C'est la réalité historique dans l'univers de l'homme et c'est une réalité sociale. Cela signifie que la lutte nationale - la lutte sociale - est le fondement de la dynamique de l'Histoire, car elle est plus puissante que les autres facteurs, elle en est l'origine, elle en est la base. Cette lutte est la nature de la gent humaine, c'est l'essence même de la vie. Les animaux autres que l'homme vivent également en groupe. Comme l'instinct de groupe est la condition de perpétuité des espèces du règne animal, le nationalisme est la raison de survie des nations.

Les nations dont le nationalisme a été dissous sont celles dont l'existence même a été mise en cause. L'existence des minorités, qui constitue l'un des problèmes politiques du monde, est due à des causes sociales. Ce sont des nations dont le nationalisme a été détruit, et dont les liens ont été rompus. Le facteur social est bien un facteur de vie, voire de survie. Il est donc bien un moteur naturel et inhérent à l'homme pour sa survie.

Le nationalisme, chez l'espèce humaine, et l'instinct de groupe, chez les animaux, sont comme le phénomène de gravitation dans le règne minéral et les corps célestes. Si la masse solaire perdait de sa force de gravité, les gaz qui la composent se disperseraient et son unité serait détruite. L'unité est donc la condition première de survie de toute chose.

Le facteur d'unité de toute communauté est le facteur social, c'est-à-dire le nationalisme. C'est pour cela que les communautés luttent pour leur unité nationale car leur survie en dépend.

Le facteur national, ou lien social, agit automatiquement dans le sens de la survie d'une nation, à l'instar de la force de gravité qui maintient la masse d'un corps autour du noyau. Dans la bombe atomique, la fission et la dispersion des atomes sont provoquées par l'explosion du noyau qui est le centre de gravitation. Le facteur d'unité est donc détruit, la force de gravité s'arrête et les éléments se dispersent. La bombe se désintègre.

Telle est la loi naturelle immuable. L'ignorer ou la transgresser met en danger la vie elle-même. C'est ainsi que la vie de l'homme se détériore lorsqu'il ignore ou transgresse le nationalisme, c'est-à-dire le facteur social, l'attraction de la communauté, le secret de son existence.

Seul le facteur religieux peut agir autant sur l'unité d'une communauté, car s'il peut diviser la communauté nationale il peut également réunir des groupes de nationalités différentes. Toutefois, c'est en définitive le facteur social qui l'emporte. Il en a été ainsi au fil des siècles.
A l'origine chaque communauté avait sa religion. C'était l'harmonie. Puis ce fut différent et cette différence a été une cause réelle de conflit et d'instabilité de la vie des peuples à travers les âges.

La règle juste veut que chaque nation ait sa religion : c'est le contraire qui est anormal. De cette anomalie naît une situation malsaine, origine de graves différends au sein de la communauté nationale. La seule solution consiste à être en harmonie avec la règle naturelle, à savoir : à chaque nation sa religion, de telle sorte que le facteur social coïncide avec le facteur religieux.

Ainsi la vie des groupes se stabilise, se renforce et se développe sainement.

Le mariage est un phénomène susceptible d'exercer des influences négatives ou positives sur la cohésion sociale. Conformément à la règle naturelle de liberté, l'homme et la femme sont libres d'accepter celui ou celle qu'ils désirent et de refuser celui ou celle qu'ils ne désirent pas. Néanmoins le mariage à l'intérieur du groupe renforce évidemment l'unité de ce groupe et contribue à un développement global en harmonie avec le facteur social.

<u>La famille</u>

Pour l'être humain, la famille a plus d'importance que l'Etat. L'humanité se reconnaît dans l'individu et l'individu se reconnaît dans la famille qui est son berceau, son origine et son environnement social. Par nature, l'humanité est incarnée par l'individu, dans la famille, et non dans l'Etat qui lui est étranger. L'Etat est un système artificiel politique et économique, parfois militaire, sans rapport avec l'humanité. La famille est semblable à une plante, prise isolément dans la nature, mais qui demeure l'élément essentiel du monde végétal. Le fait d'aménager le milieu naturel en fermes ou jardins n'est qu'un processus artificiel sans rapport avec la nature de la plante formée de branches, de feuilles et de fleurs.

Que les facteurs politiques, économiques ou militaires aient agencé des ensembles de familles en Etat, n'a aucun rapport avec l'humanité. Toute situation, circonstance ou mesure provoquant la dispersion, la dislocation ou la disparition de la famille est en fait inhumain et antinaturel. C'est un acte arbitraire, comme toute action, circonstances ou mesure conduisant à la destruction de la plante, à la cassure de ses branches, au dessèchement de ses nervures et de ses feuilles.

Les sociétés dans lesquelles l'existence et l'unité de la famille sont menacées, quelles qu'en soient les circonstances, sont semblables à ces champs dont la flore est menacée par l'érosion, l'incendie ou la sécheresse. Un jardin ou un champ prospère est celui où les plantes croissent, fleurissent, se pollinisent et s'enracinent naturellement. Il en est de même pour la société humaine.

Une société heureuse est une société dans laquelle l'individu se développe naturellement au sein de la famille. Ainsi la famille s'épanouit et l'individu trouve son équilibre dans la grande communauté humaine, comme la feuille à la branche et la branche à l'arbre ; détachées, elles perdent vie et valeur. Tel est le cas de l'individu isolé de sa famille. Un individu sans famille n'a pas d'existence sociale et si une société humaine devait arriver à faire exister l'homme sans la famille, elle deviendrait une société de vagabonds, pareils à des plantes artificielles.

La tribu

La tribu est une famille qui s'est agrandie par l'effet des naissances. Il s'ensuit que la tribu constitue une grande famille. De même la nation est une tribu qui s'est agrandie par l'effet démographique. La nation est donc une grande tribu. Ainsi le monde est-il la Nation qui s'est ramifiée en différentes nations. Le Monde constitue donc une grande nation.

Le lien qui assure la cohésion de la famille est identique à celui qui maintient l'unité de la tribu, de la nation et du monde. Cependant, il s'affaiblit à mesure qu'augmente le nombre. Le sentiment d'appartenance à l'humanité est de même nature que celui d'appartenance à une nation, à une tribu, à une famille. Toutefois, l'intensité d'un lien diminue lorsqu'il s'élève d'un échelon restreint à un échelon plus vaste. C'est une vérité sociale qui n'est déniée que par celui qui l'ignore.

Le lien social, la cohésion, l'unité, l'amitié et l'amour ont plus de force à l'échelon de la famille qu'à celui de la tribu, plus de force à l'échelon de la tribu qu'à l'échelon de la nation, plus de force enfin à l'échelon de la nation qu'à celui du monde.

Les avantages, privilèges, valeurs et idéaux issus des liens sociaux existent là où ces liens sont forts ; c'est une évidence première, c'est-à-dire qu'ils sont plus vigoureux à l'échelle de la famille qu'à celui de la tribu, à l'échelle de la tribu qu'à l'échelle de la nation, et à l'échelle de la nation qu'à celui du monde.

Il est donc de première importance, pour la société humaine, de préserver la cohésion de la famille, de la tribu, de la nation et de l'humanité, afin de bénéficier des avantages, privilèges, valeurs et idéaux produits de la cohésion, de l'unité, de l'amitié et de l'amour familial, tribal, national et humain.

Ainsi ces liens sociaux, avec les bienfaits, les avantages et les idéaux qui s'y rattachent, s'effacent lorsque se désagrègent ou s'éteignent la famille, la tribu, la nation ou l'humanité.

Du point de vue social, la société familiale est préférable à la société tribale, celle-ci est préférable à la société nationale, qui elle-même est préférable à la société mondiale, si on se réfère aux notions de cohésion, d'affection, de solidarité et de bénéfice mutuel.

<u>Les avantages de la tribu</u>

Constituant une grande famille, la tribu garantit à ses membres les mêmes bienfaits et les mêmes avantages sociaux que la famille. Car la tribu est une famille au second degré. Ce qu'il importe de souligner, c'est que l'individu peut parfois se livrer à des actes déshonorants qu'il n'oserait commettre en présence de sa famille.

Mais, la famille étant de dimensions réduites, il lui est possible d'échapper à son contrôle, alors que la tribu exerce sa vigilance sur tous ses membres.

Dans cette perspective, la tribu donne à ses membres un cadre de comportement qui se traduit par une éducation sociale plus complète et plus noble que n'importe quelle éducation scolaire. La tribu est une école sociale dont les membres assimilent, depuis l'enfance, les idéaux élevés qui donnent naissance à un comportement social acquis pour la vie.

Ces idéaux s'enracinent naturellement à mesure que grandit l'être humain, contrairement à l'éducation et les sciences enseignées officiellement et qui s'effacent peu à peu avec l'âge. Il en est ainsi car l'instruction a un caractère officiel, sanctionnée par des examens, et que l'individu a conscience qu'elle lui est imposée.

La tribu est un "parapluie" social naturel assurant la sécurité dans la société. En vertu de ses traditions, elle garantit collectivement à ses membres le paiement des rançons et des amendes ainsi que la vengeance et la défense, c'est-à-dire une protection sociale.

Le lien du sang est à l'origine de la formation d'une tribu, mais il n'est pas le seul, car l'affiliation en est un autre. Avec le temps, la différence entre le lien du sang et le lien d'affiliation s'efface, la tribu apparaît alors comme une entité sociale et physique. Cependant, la tribu est avant tout une entité de lien de sang et d'appartenance.

La Nation

La nation est une couverture politique et nationale de l'individu, plus étendue que la couverture sociale offerte par la tribu à ses membres. Le tribalisme est préjudiciable au nationalisme, car l'allégeance tribale affaiblit le loyalisme national.

De même, l'allégeance familiale prospère aux dépens du loyalisme tribal et l'affaiblit.

Indispensable à la nation, le fanatisme national est en même temps une menace pour l'humanité.

Dans la communauté mondiale, la nation occupe la même place que la famille au sein de la tribu.

Plus les familles constituant une tribu se querellent, plus grande est la menace qui pèse sur cette tribu. De même, si les membres d'une famille se disputent et si chacun ne poursuit que son propre intérêt, cette famille est menacée ; et si les tribus constituant une même nation se querellent, ne cherchant que leurs intérêts, cette nation est menacée.

Le fanatisme national, l'utilisation de la force contre des nations plus faibles, l'enrichissement national par le pillage des ressources d'autres nations, tout cela est néfaste pour l'humanité.

Par contre, l'individu fort, qui se respecte et est conscient de ses responsabilités, est utile pour la famille ; de même qu'une famille solide, respectable et consciente de son rôle, est socialement et matériellement utile à la tribu. Enfin, une nation avancée, productive et civilisée est bénéfique pour le monde tout entier. La structure politique et nationale se détériore si elle s'abaisse à de simples considérations familiales ou tribales.

La nation est une grande famille qui a dépassé le stade de la tribu et de l'ensemble des tribus ayant la même origine, ainsi que celles qui, par affiliation, partagent le même destin. La famille ne devient une nation qu'après avoir franchi les étapes de la tribu et ses ramifications et le processus d'intégration par divers mélanges. Socialement, cela se réalise à l'issue d'une période qui ne peut être que longue.

Néanmoins, si le temps fait ainsi naître des nations, il contribue aussi à leur désintégration. L'appartenance à la communauté d'origine et l'apparentement par affiliation sont les deux fondements historiques de la nation. Toutefois l'origine joue un rôle primordial et l'affiliation un rôle secondaire.

La nation ne se définit pas uniquement par ses racines même si celles-ci constituent la base. Car la nation se forme en outre par l'accumulation, à travers les âges, d'êtres humains se regroupant sur la même aire géographique, forgeant une histoire commune, constituant ensemble un même patrimoine et affrontant le même destin.

Abstraction faite des liens de sang, la nation est en définitive un sentiment d'appartenance et une communauté de destin.

Pourquoi dans ces conditions le monde a-t-il vu l'apparition de grands états qui ont disparu par la suite, pour voir réapparaître d'autres états et vice versa ? La raison en est-elle uniquement politique sans rapport avec le fondement social de la Troisième Théorie Universelle ? Est-elle, au contraire, d'ordre social, et par conséquent relevant du présent volume du Livre Vert ?

Vérifions : la famille est, sans nul doute, une structure sociale et non politique ; il en va de même pour la tribu qui est une famille qui s'est multipliée grâce à la natalité. De la même façon, la nation est une tribu qui a grandi, s'est ramifiée et s'est multipliée pour former plusieurs tribus.

La nation est aussi une structure sociale fondée sur le rapport national, comme l'est la tribu sur le rapport tribal, la famille sur le rapport familial et les nations du monde sur le lien humain. Ce sont là des évidences.

Par ailleurs, il existe une structure politique constituant l'Etat et formant la carte politique du monde. Mais pourquoi cette carte du monde ne cesse-t-elle de se modifier à travers les âges ?

Cela vient du fait que cette structure politique peut ne pas coïncider avec la structure sociale. Lorsque ces deux éléments coïncident, une nation est durable et immuable.

En cas de changement imposé par un colonialisme extérieur ou d'une dégradation, la structure politique réapparaît sous le signe du combat national, de la renaissance nationale et de l'unité nationale.

Lorsqu'une structure politique englobe plusieurs nations, son territoire est condamné à se morceler, chaque nation tendant à conquérir son indépendance sous l'emblème du nationalisme.

Ainsi la carte des empires que le monde a connus s'est disloquée parce que ces empires étaient composés de plusieurs nations, chacune d'elles ne tardant pas à se cramponner à son nationalisme et cherchant à conquérir son indépendance.

Ainsi l'empire éclate et chacune de ses composantes retourne à son origine sociale. L'Histoire du monde à travers les siècles en donne la preuve irréfutable.

Mais pourquoi ces empires se composent-ils de nations différentes ?

La réponse est que la structure de l'Etat n'est pas uniquement une structure sociale, comme la famille, la tribu et la nation, mais une entité politique composée de plusieurs éléments, dont le plus simple et le plus évident est le nationalisme. L'Etat-nation est la seule formule politique qui soit en harmonie avec la structure sociale naturelle. Il a une existence durable, pour autant qu'il n'a plus à subir la tyrannie d'un autre nationalisme plus puissant ou que sa structure politique en tant qu'Etat n'est pas compromise par le jeu des tribus, des clans et des familles formant sa structure sociale. La structure politique se détériore donc lorsqu'elle est assujettie aux considérations de la structure sociale, tribale, familiale ou confessionnelle.

D'autres facteurs peuvent également concourir à la formation d'un Etat autre que l'Etat-nation, tels les facteurs religieux, économiques et militaires.

La communauté de religion, de même que les impératifs économiques et les conquêtes militaires peuvent conduire à la constitution d'un Etat regroupant plusieurs nationalismes.

C'est ainsi que le monde assiste, à un moment donné, à l'apparition de tel Etat ou de tel empire, qu'il verra disparaître à une autre époque.

Quand l'idée nationaliste se fait plus forte que l'esprit religieux et que le conflit éclate entre différents nationalismes réunis par une communauté de religion, par exemple chaque nation reprend son indépendance recouvrant ainsi sa structure sociale. L'empire, alors, disparaît.

Réapparaît par la suite le rôle de la religion lorsque l'esprit religieux l'emporte sur l'idée nationaliste. En conséquence, les divers nationalismes se trouvent unifiés sous la bannière d'une religion, jusqu'au moment où le nationalisme reprend à son tour la primauté, et ainsi de suite.

Tous les États qui regroupent plusieurs nationalismes à partir de fondements religieux, économiques, militaires ou idéologiques, seront en proie à des conflits tant que chaque nationalisme n'aura pas conquis son indépendance ; autant dire que le facteur social triomphe inéluctablement du politique.

Quelles que soient les considérations politiques qui président à la création d'un Etat, la vie de l'individu se fonde sur la famille, la tribu, puis la nation et enfin l'humanité.

L'élément essentiel reste le facteur social ; le nationalisme en est l'élément constant. Pour former des êtres humains, il convient donc d'insister sur la réalité sociale, préserver la famille, la tribu - en tant que couvertures et écoles sociales naturelles - et enfin la nation. L'individu ne peut apprendre les valeurs sociales qu'auprès de la famille et de la tribu qui forment une structure sociale naturelle sans le concours de quiconque.

Il faut prendre soin de la famille dans l'intérêt de l'individu, tout comme il faut prendre soin de tribu dans l'intérêt de la famille, de l'individu et de la nation c'est-à-dire le nationalisme.

Le facteur social, ou facteur national, constitue la force motrice naturelle et permanente de l'histoire.

Ignorer le lien national des communautés humaines et construire un système politique en contradiction avec la structure sociale, c'est construire un édifice provisoire qui s'effondrera sous l'action du facteur social de ces communautés, c'est-à-dire l'action nationale de chaque nation.

Ce sont là des vérités inhérentes à la vie de l'homme et non pas des interprétations exégétiques.
Tout individu, où qu'il se trouve, devrait en être conscient et agir en conséquence s'il veut que son action soit bénéfique. Il faut connaître ces vérités immuables si l'on veut éviter, dans la vie des groupes humains, les déviations, les dérèglements et les détériorations qui résultent d'un manque de compréhension et de respect de ces principes vitaux pour l'homme.

La Femme

La femme est un être humain, l'homme est un être humain ; il n'y a en ceci aucun doute ni divergence. Par conséquent il est tout aussi évident que la femme et l'homme sont égaux. De ce point de vue, la discrimination entre l'homme et la femme est un acte d'injustice flagrante et injustifiable.

La femme mange et boit comme l'homme... La femme éprouve amour et haine comme l'homme... La femme pense, apprend et comprend comme l'homme... Comme l'homme, la femme a besoin d'un toit, de vêtements et de moyens de transport... Comme l'homme elle ressent la faim et la soif... Comme lui, elle vit et meurt.

Mais pourquoi l'homme et la femme ? Il est bien vrai que la société humaine ne saurait se composer seulement d'hommes ou seulement de femmes ; elle est faite naturellement d'hommes et de femmes.

Pourquoi n'a-t-il pas été créé uniquement des hommes ou uniquement des femmes ?

Après tout qu'est-ce qui distingue l'homme de la femme ? Pourquoi existe-t-il des hommes et des femmes ?

L'existence de l'homme et de la femme, et non de l'homme seul ou de la femme seule, doit bien répondre à une nécessité naturelle.

Il en découle qu'aucun d'eux n'est exactement identique à l'autre, et que l'existence d'une différence naturelle entre l'homme et la femme est démontrée justement par le fait qu'ils ont été créés homme et femme. Cela signifie donc que chacun d'eux a son rôle en fonction de la différence qui existe entre eux. En conséquence il doit y avoir, pour accomplir ces rôles naturellement distincts, des conditions de vie différentes prévalant pour chacun d'eux.

Pour prendre conscience de ces rôles, il faut comprendre les différences de nature entre l'homme et la femme, ce qui naturellement les distingue :

La femme est une femelle et l'homme est un mâle. Du point de vue gynécologique - "la femme est sujette aux menstruations, c'est-à-dire à un affaiblissement mensuel ; l'homme, en tant que mâle, ne subit pas le même phénomène et n'est pas soumis à un épanchement mensuel de sang. Parce qu'elle est femelle, la femme subit naturellement une menstruation périodique. Lorsqu'elle n'a pas de flux menstruel, la femme est enceinte. Lorsqu'elle est en enceinte, elle se trouve, de ce fait, affaiblie pendant environ un an ; ce qui signifie que toutes ses activités normales sont sérieusement réduites jusqu'à ce qu'elle accouche.

Lorsqu'elle a son enfant ou qu'elle fait une fausse-couche, elle souffre de troubles puerpéraux, d'un affaiblissement consécutif à tout accouchement ou fausse-couche. N'étant pas sujet à la grossesse, l'homme n'est donc pas soumis à la faiblesse qui caractérise la femme en tant que femelle.

Ensuite, la femme doit allaiter son enfant. L'allaitement naturel s'étend sur environ deux ans. De ce fait, la femme est si inséparable de son enfant que son activité s'en trouve sérieusement réduite. Elle devient directement responsable d'un autre être qu'elle aide à accomplir ses fonctions biologiques faute desquelles il mourrait".

L'homme, au contraire, ne conçoit ni n'allaite.

Toutes ces caractéristiques naturelles produisent des différences innées où l'homme et la femme ne peuvent être égaux. Ceci est en soi la raison de la nécessité de l'existence d'un mâle et d'une femelle, c'est-à-dire d'un homme et d'une femme, chacun d'eux ayant un rôle ou une fonction différents dans la vie.

L'homme ne peut en effet remplacer la femme dans l'accomplissement de ses fonctions naturelles. Il importe de remarquer que ces fonctions biologiques sont une lourde charge, imposant à la femme beaucoup d'efforts et de peines. Cependant, faute de ces fonctions qu'accomplit la femme, la vie humaine s'éteindrait.

Il s'agit, en conséquence, d'une fonction naturelle qui n'est ni optionnelle ni obligatoire. C'est une fonction nécessaire, dont la seule alternative est l'extinction de la vie humaine.

Il existe une intervention volontaire contre la conception mais c'est la négation de la vie humaine. Une autre méthode d'intervention volontaire, partielle, s'attaque aussi bien à la conception qu'à allaitement maternel.

L'un et l'autre sont des maillons d'une chaîne d'actes portant atteinte à la vie naturelle et conduisant au meurtre: le fait que la femme se détruise pour échapper à la conception, à l'accouchement et à l'allaitement, entre dans la catégorie des inventions artificielles contre l'essence de la vie représentée par la conception, l'allaitement, la maternité et le mariage; il n'y a qu'une différence de degré.

Renoncer au rôle naturel de la femme dans la maternité, comme remplacer les mères par des crèches, c'est déjà renoncer à la société humaine et la transformer en une société biologique fondée sur un style de vie industriel.

Séparer les enfants de leurs mères et les entasser dans des crèches, c'est les assimiler à des poussins, car les crèches sont semblables à ces élevages de volailles où l'on entasse des poussins après l'éclosion des œufs.

Rien ne convient mieux à la nature de l'être humain et à sa dignité que la maternité naturelle (où l'enfant doit être élevé par sa mère) dans une famille où prévalent la maternité, la paternité et la fraternité et non dans une institution ressemblant à un élevage de volailles. Les volailles, comme toutes les autres espèces du règne animal, ont besoin de la maternité comme une phase naturelle. Les élever dans des poulaillers ressemblant à des usines est donc contraire à leur croissance naturelle. D'ailleurs leur chair rappelle davantage la viande chimique que la viande naturelle. La chair qui provient des élevages industrialisés n'a aucun goût, ni aucune valeur nutritive, puisque les volailles sont élevées contre la nature, sans la protection de la maternité naturelle. La chair des oiseaux sauvages est plus savoureuse et plus nourrissante, car ils croissent et se nourrissent naturellement.

Quant aux enfants privés de famille et de refuge, la société est leur tutrice, et c'est pour eux seulement qu'elle doit ouvrir des crèches et d'autres institutions du même genre. Il vaut mieux pour eux être pris en charge par la société, plutôt que par des êtres autres que leurs parents.

Si l'on essayait de déterminer expérimentalement l'attirance naturelle que l'enfant éprouve, soit pour sa mère, soit pour la crèche, on verrait l'enfant opter pour sa mère et non pour la crèche.

Puisque la tendance naturelle de l'enfant le porte vers sa mère, c'est elle qui est naturellement désignée pour lui donner protection et soins. Placer un enfant dans une crèche constitue un abus de pouvoir et une répression contre les tendances librement exprimées.

Pour tout être vivant, la croissance naturelle doit être saine et libre. Remplacer la mère par une crèche, c'est exercer un pouvoir de coercition contre cette croissance saine et libre. Les enfants que l'on conduit à la crèche y sont menés sous la contrainte, par ruse ou par inconscience de l'enfant. On les conduit à la crèche en fonction de considérations purement matérielles et non sociales.

Délivrés de l'arbitraire et de l'inconscience puérile, ces enfants refuseraient la crèche et s'accrocheraient à leur mère. La seule justification d'un comportement aussi contraire à la nature et à l'humanité vient de ce que la femme est elle- même placée dans une situation contraire à sa nature, c'est-à-dire obligée d'accomplir des tâches antisociales et antimaternelles.

Dès lors que la nature lui a assigné un rôle différent de celui de l'homme, la femme doit être mise en mesure d'assumer son rôle naturel.

La maternité est propre à la femelle, non au mâle.

Il est donc contraire à la nature de séparer les enfants de leur mère. Toute entreprise visant à éloigner l'enfant de sa mère relève de la contrainte, de l'oppression et de la dictature. La mère qui se démet de la maternité transgresse son rôle naturel dans la vie.

La femme doit jouir de ses droits et bénéficier de dispositions favorables, non autoritaires et non oppressives. Ainsi peut-elle s'acquitter de son rôle naturel dans des conditions normales. Tout ce qui s'écarte de ce principe est générateur de contradiction. La femme que l'on oblige à abandonner sa fonction naturelle de conception et de maternité est soumise à une contrainte et à une forme de dictature.

La femme qui a besoin d'un travail lui interdisant d'accomplir sa fonction naturelle n'est pas libre, elle est contrainte par la nécessité, car la nécessité est un frein à la liberté.

Parmi les conditions favorables et même indispensables à l'accomplissement par la femme de son rôle naturel, distinct de celui de l'homme, certaines s'adressent à un être humain diminué et accablé par la grossesse, car porter un autre être humain dans son sein représente une incapacité physique. C'est une injustice que d'imposer à une future maman des travaux de force incompatibles avec son état. Les travaux de ce genre sont en quelque sorte une punition pour la femme lorsqu'elle trahit, sur le plan humain, son devoir maternel. C'est aussi une pénalité qu'elle paie pour entrer dans le monde des hommes, qui ne sont naturellement pas du même sexe.

Même lorsqu'elle émane d'une femme, l'idée selon laquelle les femmes exécutent de leur plein gré des travaux pénibles est une idée complètement fausse. Elles n'accomplissent de pareilles tâches que parce qu'une société dure et matérialiste les place, sans qu'elles en soient bien conscientes, dans une situation de contrainte.

Tout en pensant qu'elle travaille de son plein gré, la femme n'a d'autre solution que de se plier aux conditions de cette société. Et pourtant, le principe qui dit que "aucune différence n'existe, en aucun domaine, entre l'homme et la femme" prive cette dernière de sa liberté.

L'expression "en aucun domaine" est une monstrueuse tromperie pour la femme. Cette idée risque d'abolir le statut convenable et indispensable, le privilège dont la femme devrait bénéficier exclusivement, conformément à sa nature découlant de son rôle naturel dans la vie.

Revendiquer l'égalité entre l'homme et la femme dans le transport de lourdes charges, alors que la femme est enceinte, constitue une injustice et une cruauté.

Réclamer l'égalité entre eux pour le jeûne et les privations alors qu'elle allaite, c'est une injustice et une cruauté.

Réclamer l'égalité pour eux pour les travaux répugnants, qui souillent sa beauté et dégradent sa féminité, c'est également injuste et cruel. Comme est injuste et cruelle l'éducation qui conduit la femme à des tâches qui ne sont pas faites pour elle.

Il n'y a aucune différence entre l'homme et la femme, dans tout ce qui est humain.

Nul ne doit épouser une autre personne contre son gré, ou divorcer sans consentement mutuel ou sans un juste procès qui lui donne raison. La femme ne peut se remarier avant d'avoir divorcé, l'homme ne peut se remarier sans accord ou divorce.

La femme est la "maîtresse" de maison car tel est le statut convenable et nécessaire de celle qui subit l'affaiblissement menstruel, qui conçoit, qui accouche et qui accomplit les devoirs maternels. La maison, en tant que foyer pour la maternité, revient toujours à la femelle (même dans le règne animal) dont le devoir est naturellement maternel.

Priver les enfants de leur mère ou la femme de sa maison relève donc de l'arbitraire.

La femme est avant tout une femelle.
A ce titre, ses caractéristiques biologiques diffèrent de celles de l'homme. Les caractéristiques biologiques de la femelle, différentes, en effet, de celles du mâle, ont donné à la femme, dans son aspect et dans son être, des traits distincts de ceux de l'homme.

L'anatomie est différente, tout comme elle l'est chez les végétaux et les animaux. C'est là un fait naturel et indéniable.

Dans le règne végétal et le règne animal, le mâle possède naturellement la force et l'endurance, la femme la beauté et la délicatesse. Ce sont là des caractéristiques innées, naturelles et éternelles, communes à tous les êtres vivants, qu'ils soient des hommes, des animaux et des plantes.

Du fait de sa nature différente et conformément aux lois naturelles, le mâle joue de son plein gré le rôle de l'être fort et endurant, simplement parce qu'il a été ainsi créé.

Cette loi est juste parce que, d'une part, elle est voulue par la nature, et d'autre part parce qu'elle est le fondement de la liberté. Car tous les êtres vivants sont créés libres, et toute manipulation de cette liberté constitue un acte de contrainte. La non-reconnaissance de ces rôles naturels et la non-observation de leurs limites sont des actes de négligence, et équivalent à une destruction de la vie même. La nature est ainsi conçue en harmonie avec l'inévitable transmission de la vie, de ce qui existe à ce qui advient.

La créature vivante est une entité qui vit inexorablement jusqu'à ce qu'elle meure. Du début à la fin, l'existence se fonde sur la loi naturelle où il n'y a ni choix ni contrainte.
C'est la nature. C'est la liberté naturelle.

Chez les animaux et les plantes comme chez l'homme, il doit y avoir un mâle et une femelle pour qu'apparaisse la vie, du début à la fin.

Ils ne se contentent pas d'exister, ils doivent jouer, avec une absolue efficacité, le rôle naturel pour lequel ils sont créés. S'ils ne remplissent pas naturellement leur rôle c'est qu'il y a un défaut dû à une raison quelconque. C'est ce qui existe dans les sociétés contemporaines et presque partout dans le monde par suite de la confusion des rôles entre l'homme et la femme, car l'on essaie de faire de la femme un homme.

En accord avec leur nature et ses objectifs, ils doivent se montrer créateurs dans leurs fonctions respectives. L'inverse est rétrograde : c'est la tendance anti- naturelle, destructrice des fondements de la liberté et contraire à la vie et à l'existence. Il faut que chacun d'eux accomplisse le rôle qui lui a été attribué ; il ne doit pas y renoncer, car de tout désistement total ou partiel ne peut découler qu'une situation arbitraire, une situation anormale.

La femme qui, pour des raisons de santé, renonce à la grossesse, au mariage, à la coquetterie et à la féminité, abandonne son rôle naturel dans la vie par suite de cet état contraignant. Celle qui fait de même en allant travailler subit également une contrainte. Celle qui le fait sans aucune raison tangible est soumise à une contrainte qui résulte d'une déviation morale vis-à-vis de la nature telle qu'elle est.

En conséquence, la renonciation au rôle naturel de femelle ou de mâle ne peut résulter que d'une situation contraire à la nature, opposée à la liberté et mettant en péril l'existence même.

Il faut donc une révolution mondiale qui mettra fin à toutes les situations matérielles empêchant la femme d'accomplir son rôle naturel dans la vie et l'obligeant à effectuer les tâches de l'homme pour conquérir l'égalité des droits. Cette révolution se produira inévitablement, en particulier dans les sociétés industrielles, comme une réaction de l'instinct de survie, sans même avoir besoin d'un instigateur tel que le Livre vert.

Toutes les sociétés, de nos jours, considèrent la femme comme une marchandise, l'Orient, comme un article à vendre ou à acheter, et l'Occident ne la considère pas comme femelle.

Obliger la femme à effectuer le travail de l'homme c'est se livrer à une injuste agression contre sa féminité dont elle a été naturellement pourvue afin d'accomplir une fonction nécessaire à la vie. Car les taches masculines effacent la beauté de la femme mise en évidence par la nature pour accomplir des tâches non masculines. Cette beauté est comme les corolles destinées à attirer le pollen et à produire la semence. Si l'on supprimait les fleurs, le rôle vital des plantes prendrait fin. C'est l'embellissement naturel des papillons, des oiseaux et des femelles de toutes les autres espèces qui est créé pour répondre à une mission vitale.

La femme qui fait un travail d'homme est amenée à se changer en homme, délaissant ainsi son rôle et sa beauté. Elle doit jouir de la totalité de ses droits sans être obligée de se transformer en homme et de perdre sa féminité.

La constitution physique, naturellement différente entre l'homme et la femme, entraîne des différences dans le fonctionncment de leurs organes et conduit à une différence naturelle résultant des différences physiologiques entre eux, se traduisant par des différences dans la mentalité, l'esprit, la sensibilité et l'anatomie.

La femme est affectueuse, belle, émotive et craintive. Bref, la femme est douce et l'homme brutal, et cela en vertu de leurs caractéristiques innées.

Ignorer les différences naturelles entre l'homme et la femme et confondre leurs rôles procède d'une attitude contraire à la civilisation, hostile aux lois de la nature, néfaste pour la vie humaine et cause de misères dans la vie sociale.

Les sociétés industrielles modernes, qui ont obligé la femme à s'adapter aux mêmes travaux de force que les hommes, au détriment de sa féminité et de son rôle naturel en ce qui concerne sa beauté, sa maternité et sa quiétude, ne sont pas civilisées. Ce sont des sociétés matérialistes.

Vouloir les imiter est aussi absurde que dangereux pour la civilisation et l'humanité.

La question n'est pas de savoir si la femme doit ou non travailler - conception d'un matérialisme ridicule-. La société doit fournir du travail à tous ses membres valides -hommes et femmes- qui en ont besoin, mais à condition que chaque individu puisse exercer son activité dans le domaine qui lui convient et ne soit pas contraint d'accomplir une tâche pour laquelle il n'est pas fait. Imposer aux enfants les conditions de travail des adultes relève de l'injustice et de la tyrannie. De même est-il injuste et tyrannique d'imposer à la femme les conditions de travail de l'homme.

La liberté est que tout être humain acquière la connaissance lui permettant d'exercer l'activité qui lui convient. La tyrannie consiste à obliger les êtres humains à apprendre des choses qui ne leur conviennent pas, qui les conduisent à exercer une activité qui n'est pas faite pour eux. Le travail qui convient à l'homme n'est pas toujours adapté à la femme, et le savoir profitable à l'enfant est différent du savoir approprié à l'adulte.

Du point de vue des droits de l'être humain, il n'y a pas de différence entre l'homme et la femme, entre l'enfant et l'adulte. Mais pour ce qui est des devoirs, il n'existe pas entre eux d'égalité absolue.

Les minorités

Qu'est-ce qu'une minorité ? Quels sont ses droits et ses devoirs ? Comment le problème des minorités peut-il se résoudre en partant des principes généraux de la Troisième Théorie Universelle ?

Il n'y a que deux types de minorités.
Celles qui appartiennent à une nation qui leur fournit un cadre social, et celle qui, n'appartenant pas à une nation, forment elles-mêmes leur propre cadre. Ces dernières accumulent les traditions historiques qui doivent permettre, à terme, par le jeu de l'appartenance et de la communauté de destin, de former des nations.

Il est clair que ces minorités ont des droits sociaux qui leur sont propres. Toute altération de ces droits par une majorité constitue une injustice. Les caractéristiques sociales sont inhérentes et ne peuvent être ni octroyées, ni confisquées. Quant à leurs problèmes politiques et économiques, ils ne peuvent être résolus qu'au sein d'une société populaire dans laquelle les masses détiennent le pouvoir, la richesse et les armes.

Considérer les minorités comme étant politiquement et économiquement minoritaires, relève de la dictature et de l'injustice.

<u>Les Noirs</u>

La dernière manifestation de l'esclavage a été l'asservissement de la race noire par la race blanche. L'homme noir ne saurait l'oublier tant qu'il n'aura pas reconquis sa dignité.

Ce tragique épisode de l'histoire, les ressentiments qu'il a fait naître et l'exigence psychologique d'une race en pleine renaissance constituent, pour les Noirs, autant de motivations pour s'affirmer et relever le défi ; c'est là un phénomène à ne pas négliger.

A quoi il faut ajouter la fatalité cyclique de l'histoire des sociétés. Ainsi la race jaune a dominé le monde lorsqu'elle s'est répandue, à partir de l'Asie, sur tous les continents.

Puis se fut la race blanche qui a envahi elle aussi tous les continents par une vaste entreprise colonialiste. Maintenant arrive la prédominance de la race noire.

Cette race est, pour l'instant, très sous-développée, sur le plan social. Mais ce retard est un facteur de développement démographique car la faiblesse du niveau de vie des Noirs leur a évité de connaître les voies et les moyens du contrôle des naissances et du planning familial.

En outre, leurs traditions sociales n'imposent chez eux aucune limite aux mariages et aux naissances, alors que la population des autres races baisse du fait du contrôle des naissances, des restrictions imposées au mariage et de la pression d'une activité économique incessante, inconnus des Noirs en raison de la chaleur du climat.

L'éducation

Le savoir, ou l'instruction, ne se limitent pas forcément à des programmes méthodiques et à des matières scolaires que les jeunes sont obligés d'assimiler à partir de manuels et dans le cadre d'horaires précis, assis derrière des rangées de pupitres. Ce genre d'éducation, qui prévaut actuellement sur toute la terre, est une méthode contraire à la liberté.

L'enseignement obligatoire, dont se glorifient tous les pays lorsqu'ils peuvent l'imposer à leur jeunesse, n'est qu'une méthode parmi d'autres pour réprimer la liberté. C'est l'oblitération arbitraire des dons de l'être humain et l'orientation autoritaire de ses choix. Il y a là un acte de tyrannie nuisible à la liberté, car il prive l'homme de sa liberté de choix, de sa créativité et de son talent. Obliger les gens à s'instruire suivant un programme donné, et leur imposer certaines matières est un acte dictatorial.

L'éducation obligatoire et standardisée constitue en fait une entreprise d'abrutissement des masses. Tous les Etats qui déterminent officiellement les matières et les connaissances à enseigner et qui organisent ainsi l'éducation, exercent une contrainte sur les citoyens. Toutes les méthodes d'éducation en vigueur dans le monde devraient être abolies par une révolution culturelle mondiale visant à émanciper l'esprit humain de l'enseignement du fanatisme et de l'orientation autoritaire des goûts, du jugement et de l'intelligence de l'être humain.

Cela ne veut pas dire qu'il faille fermer les écoles ou, comme pourrait le supposer un lecteur superficiel, tourner le dos à l'éducation. Cela veut dire, au contraire, que la société devrait fournir toutes sortes d'activités éducatrices, permettant aux jeunes de choisir spontanément et librement les matières qu'ils souhaitent étudier. Cela requiert des écoles en nombre suffisant pour toutes les disciplines. La rareté des écoles a pour effet de restreindre la liberté de choix, elle oblige à accepter ce qu'on vous propose et prive l'homme du droit naturel de choisir. Sont des sociétés réactionnaires, favorisant l'ignorance et hostiles à la liberté, celles qui limitent le savoir et le monopolisent. Ainsi les sociétés qui interdisent la connaissance de la religion telle qu'elle est, les sociétés qui monopolisent l'enseignement religieux ou celles qui dispensent un enseignement mensonger à propose de la religion, de la civilisation ou des coutumes d'autres peuples, les sociétés qui interdisent et monopolisent les connaissances technologiques, sont des sociétés réactionnaires, favorisant l'ignorance et hostiles à la liberté.

Le savoir est, pour tout être humain, un droit naturel dont personne, sous aucun prétexte, ne peut le priver, sauf si l'intéressé a commis un acte justifiant qu'on le prive de ce droit.

L'ignorance disparaîtra lorsque toute chose sera présentée dans sa réalité et lorsque tout le savoir sera mis à la disposition de chacun, et de la manière qui lui convient le mieux.

La musique et l'Art

L'homme demeure imparfait puisqu'il est incapable de s'exprimer dans une langue commune. Tant qu'il n'aura pas réalisé cette aspiration de l'humanité, ce qui paraît impossible, l'expression de la joie et de la douleur, du bien et du mal, du bien-être et de la misère, du périssable et de l'éternel, de l'amour et de la haine, la perception des couleurs, des sentiments, des goûts et des humeurs, cet ensemble sera fonction de la langue que chaque peuple parle spontanément. Le comportement lui-même dépendra de la réaction produite par le sentiment que crée le langage.

L'enseignement d'une langue unique n'est pas une solution à envisager pour le moment. Cette question restera insoluble tant que le processus d'unification des langues n'aura pas duré un nombre suffisant d'époques et de générations, pour autant d'ailleurs que le passage des générations puisse effacer l'hérédité. Car les sentiments, les goûts et les humeurs des aïeux et des pères modèlent ceux des fils et des petits-fils. Si les ancêtres parlaient des langues différentes et que leurs descendants viennent à parler une seule langue, cela ne veut pas dire qu'ils auront fatalement des goûts communs grâce à cette langue commune. Ces goûts communs ne pourront exister que lorsque la langue nouvelle portera en elle les notions qui se transmettent par l'héritage d'une génération à l'autre.

Si une communauté a pour coutume de porter du blanc en signe de deuil, et qu'une autre porte du noir, les sentiments seront accordés dans chaque groupe à la couleur choisie : ici on détestera le noir, et là on l'aimera, et vice-versa.

Ces sentiments ont une influence physique sur les cellules du corps et sur leurs gènes, dont les adaptations se transmettent héréditairement. En héritant des sentiments des ancêtres, leurs successeurs détesteront spontanément la couleur que ceux-ci détestent. Par conséquent, les peuples ne sont en harmonie qu'avec les arts et les patrimoines qui leur sont propres. Héritiers de patrimoines différents, ceux-ci ne sont pas en harmonie avec les arts des autres peules même s'ils partagent avec eux la même langue.

Ces différences se retrouvent, même à une échelle restreinte, entre les groupes composant un même peuple.

Apprendre une langue commune n'est pas un problème, pas plus que n'est un problème le fait de comprendre l'Art d'autrui en apprenant sa langue. La difficulté réside dans l'impossibilité de s'adapter entièrement à la langue d'autrui. Cela restera impossible tant que l'hérédité transmise par le corps, ne s'effacera pas.

L'espèce humaine a encore beaucoup de progrès à faire, puisque l'homme ne peut utiliser avec ses frères, une langue commune qui soit héritée et non apprise. Cependant, la réalisation de cet objectif n'est qu'une question de temps pour l'humanité, à moins que la civilisation ne rechute.

Le sport

Le sport peut être une activité privée, comme la prière pratiquée par l'homme, seul, dans l'intimité d'une pièce close, ou une activité publique pratiquée collectivement, à découvert, comme la prière lorsqu'elle se pratique dans un lieu de culte collectif. Dans le premier cas, le sport concerne exclusivement l'individu ; dans le second, il est l'affaire de tous : chacun doit s'y adonner, au lieu de confier à certains le soin de le faire à sa place. Il est déraisonnable que les foules se rassemblent dans un lieu de culte uniquement pour assister, sans y participer, à la prière de quelqu'un ou des quelques-uns. Il est tout aussi insensé que des foules se précipitent dans les stades ou des arènes pour assister à des sports individuels ou d'équipe sans y participer.

Le sport est comme la prière, comme la nourriture, comme la sensation du chaud ou du froid. Il serait absurde qu'une foule se presse dans un restaurant simplement pour voir une personne ou un groupe prendre un repas. De même qu'il serait absurde de demander à une ou plusieurs personnes de se chauffer ou de se rafraîchir à notre place. Il est tout aussi illogique, pour la société, de laisser un individu ou une équipe monopoliser la pratique du sport, alors que c'est l'ensemble de la collectivité qui finance ce monopole. De même, un peuple pratiquant la démocratie ne saurait autoriser un individu ou un groupe, qu'il soit parti, classe, secte, tribu ou assemblée, à le remplacer lorsqu'il s'agit de décider de son destin ou de déterminer ses besoins.

Le sport privé ne concerne que ceux qui le pratiquent eux-mêmes et à leurs frais. Le sport public est un besoin collectif, et le peuple ne saurait s'y faire représenter par d'autres, ni physiquement ni démocratiquement.

Du point de vue physique, un représentant ne peut transmettre à autrui les bienfaits corporels et moraux du sport. Du point de vue démocratique, aucun individu et aucune équipe n'a le droit de monopoliser à son profit le sport, le pouvoir, la richesse ou les armes. Dans le monde actuel, les clubs sportifs sont des organisations de base du sport traditionnel. Ils accaparent tous les crédits et toutes les installations affectés au sport par l'Etat. Ces institutions ne sont que les instruments d'un monopole social, semblables aux appareils politiques dictatoriaux qui accaparent l'autorité, aux appareils économiques qui accaparent la richesse et aux appareils militaires qui accaparent les armes. De même que l'ère des masses tend à briser les instruments de monopolisation du pouvoir, de la richesse et des armes, elle en viendra fatalement à détruire ce monopole des activités sociales que constituent les sports, les courses et les autres activités du même genre. Les masses qui se mettent en rangs pour soutenir un candidat, supposé les représenter, lorsqu'il s'agira de déterminer leur destin, sont mues par l'idée tout à fait illusoire que l'élu les représentera et incarnera, en leur nom, leur dignité, leur souveraineté et leurs opinions. Mais ces masses, dépouillées de leur volonté et de leur dignité, sont réduites au rôle de spectateurs, regardant quelqu'un d'autre accomplir ce qu'ils devraient faire eux-mêmes naturellement.

Le même raisonnement s'applique aux foules qui, par ignorance, s'abstiennent de pratiquer le sport par elles-mêmes et pour elles-mêmes. Elles sont manipulées par des organisations monopolistiques qui s'attachent à les abrutir en leur permettant, non pas de pratiquer le sport, mais seulement de rire et d'applaudir. En tant qu'activité sociale, le sport doit être au bénéfice des masses, comme le pouvoir, la richesse et les armes doivent être dans les mains du peuple.

Le sport public est destiné à tout le monde. Chacun y a droit pour rester en bonne santé et se divertir. Il est complètement absurde de l'abandonner et de réserver ses bienfaits à certains individus et à certains groupes qui en font un monopole, tandis que les masses fournissent installations et financent l'organisation des sports publics. Les milliers de gens qui s'entassent dans les stades pour regarder, applaudir et rire sont des imbéciles qui se privent de pratiquer eux-mêmes ces activités. Ils se pressent sur les gradins, comme en léthargie, applaudissant ces héros qui les dépouillent de toute initiative, qui dominent le terrain, manipulent le sport, et détournent à leur profit les installations mises à leur disposition par les masses. De toute évidence, les tribunes publiques sont destinées à tenir les masses à l'écart des terrains de jeux, à leur en interdire l'accès. Lorsque les masses comprendront que le sport est une activité publique à laquelle il faut participer et non assister, elles envahiront les terrains et les stades pour les libérer et y pratiquer les sports. S'il ne restait, comme spectateurs, qu'une minorité indolente, cela vaudrait beaucoup mieux.

Les tribunes disparaîtront lorsqu'il n'y aura plus personne pour les occuper. Ceux qui sont incapables de faire preuve d'héroïsme dans la vie, qui ignorent les évènements de l'histoire, qui n'arrivent pas à imaginer l'avenir, constituent ce public de marginaux qui remplissent les tribunes pour apprendre et y voir le spectacle de la vie, comme des écoliers qui remplissent les classes parce qu'ils sont non seulement incultes mais même illettrés au départ.

Ceux qui façonnent eux-mêmes la vie n'ont pas besoin de l'imaginer à travers le jeu des acteurs de théâtre ou de cinéma. De même, les vrais cavaliers qui tiennent solidement les rênes n'ont plus besoin de s'asseoir dans les tribunes des champs de courses. Si tout le monde possède un cheval, il n'y a plus personne pour regarder et pour applaudir. Seuls restent comme spectateurs ceux qui, faute d'être de bons cavaliers, sont incapables de pratiquer cette activité.

Ainsi les peuples bédouins, très sérieux et très travailleurs, ne prennent aucun intérêt au théâtre ni aux spectateurs. Menant une vie très austère, ils n'ont que dérision pour les faux-semblants. De même, les Bédouins se soucient peu d'être spectateurs, ils prennent part aux jeux et aux réjouissances, parce qu'ils reconnaissent par nature la nécessité de ces activités et s'y adonnent.

Les sports de combat, comme la boxe et la lutte, sont le signe que l'humanité n'est pas encore dépouillée de toute sauvagerie. Ils disparaîtront lorsque l'homme aura gravi encore quelques échelons dans la civilisation. Les sacrifices humains et les duels au pistolet ont été fréquents à certaines époques de l'évolution de l'humanité. Mais il y a des années que ces pratiques sauvages sont tombées en désuétude. Maintenant, l'homme en sourit et regrette de s'être adonné jadis à de telles pratiques. Dans quelques dizaines d'années, la boxe et la lutte connaîtront le même sort. Et actuellement, ce sont les hommes les plus civilisés et les plus raisonnables qui sont en mesure d'éviter la pratique et l'encouragement de cette conduite sauvage.

Mouammar Kadhafi (1942-2011)

https://bibliothequedissidente.com

Achevé d'imprimer en décembre 2018 par LEN S.A.S.
92150 Suresnes
Dépôt légal : décembre 2018
Imprimé en France

www.ingramcontent.com/pod-product-compliance
Lightning Source LLC
Chambersburg PA
CBHW031310060726
47590CB00003B/1136